KOPFÜBERLEBEN

For Ronnie Close,

who is sitting with me on a chestnut tree.

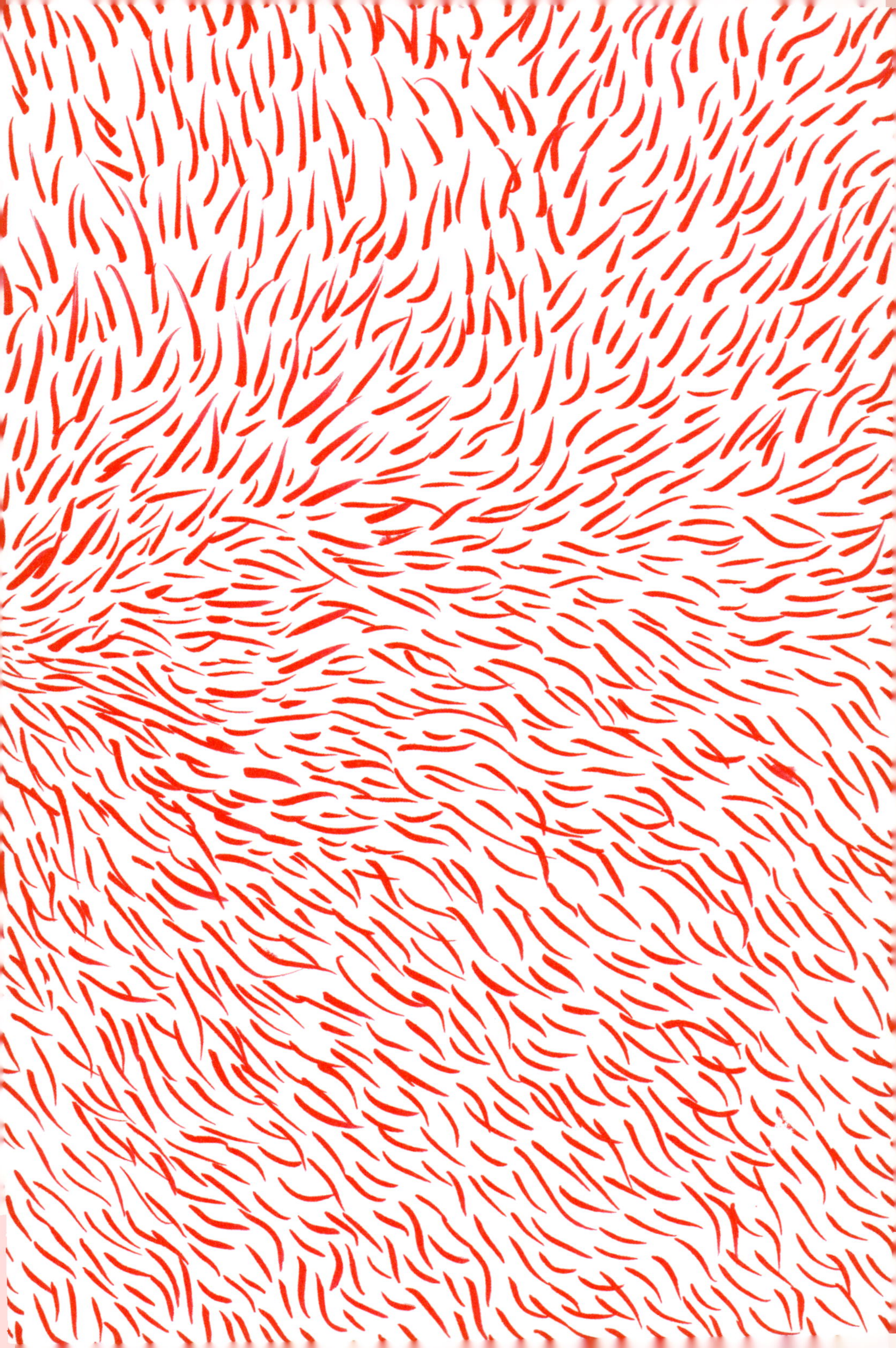

YVONNE BUCHHEIM

KOPF ÜBER LEBEN

life turned upside down

KERBER ART

CONTENTS
INHALT

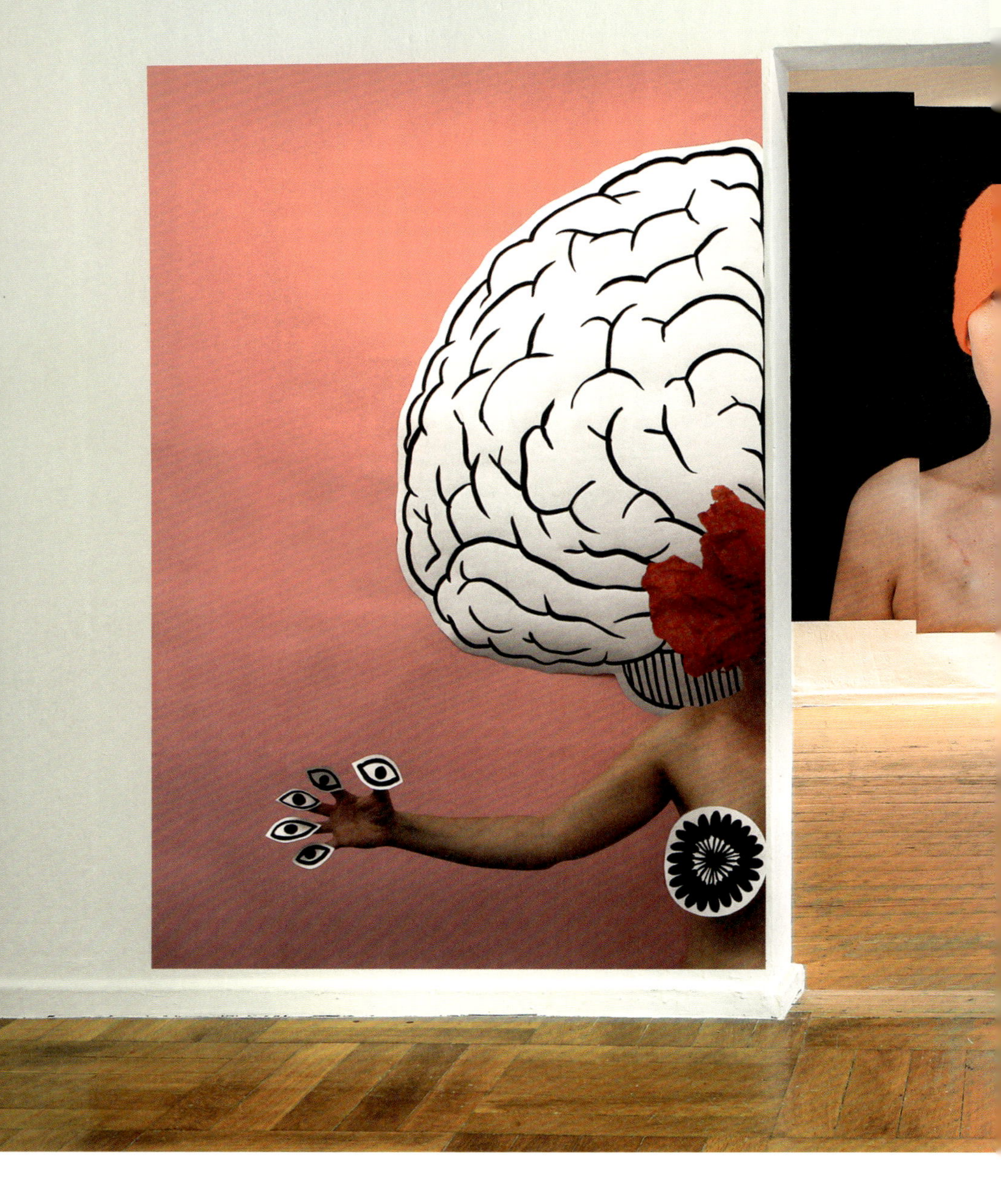

WHAT DOES YOUR BODY KNOW?

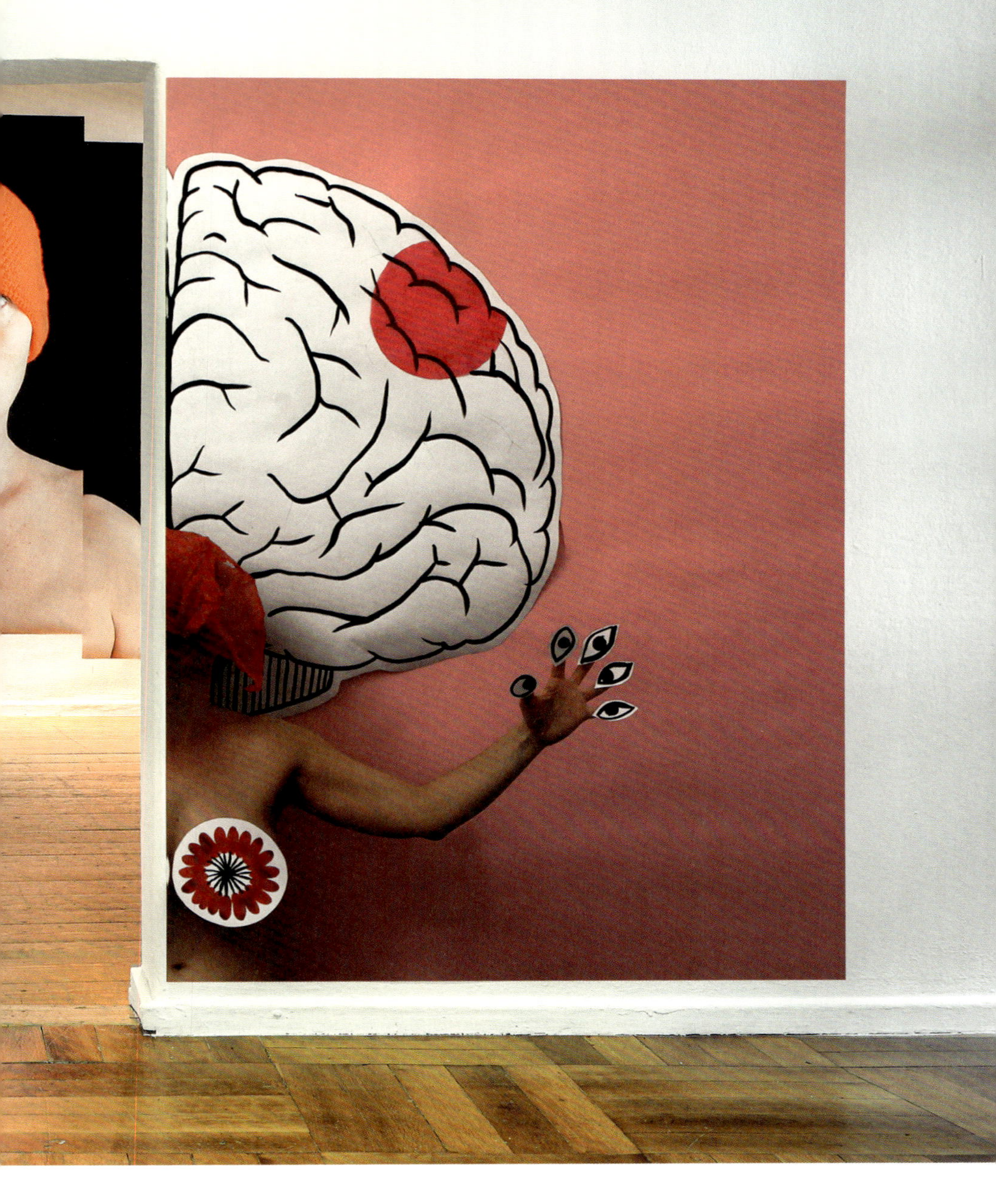

WAS WEISS DEIN KÖRPER?

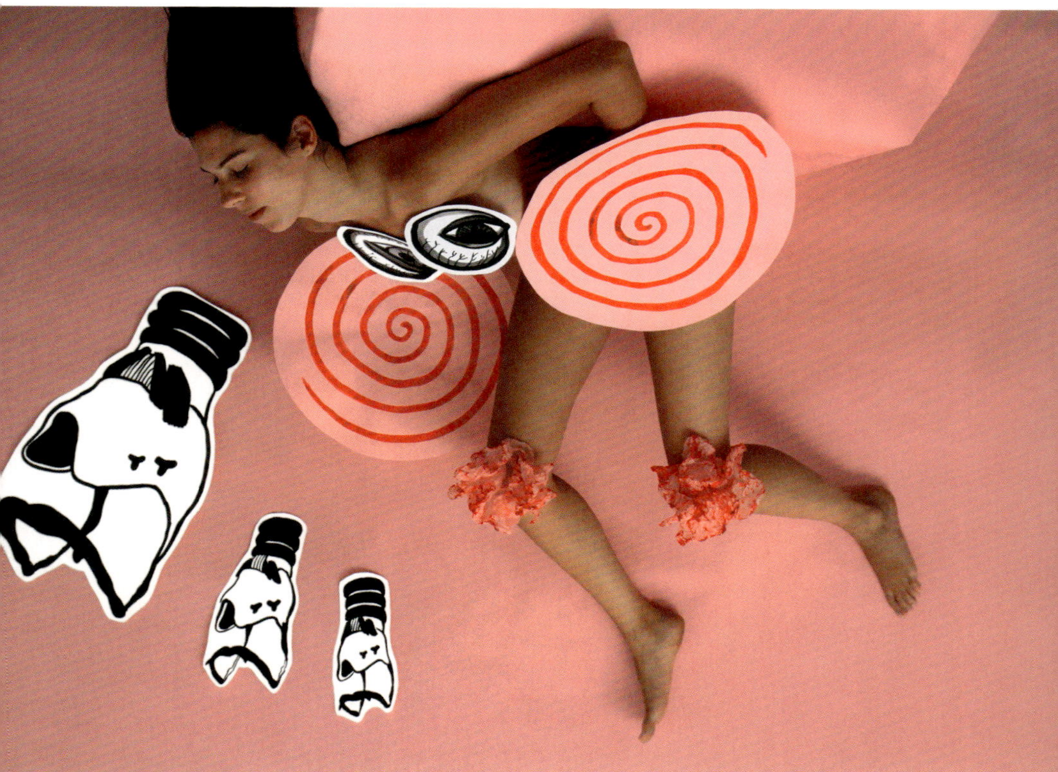

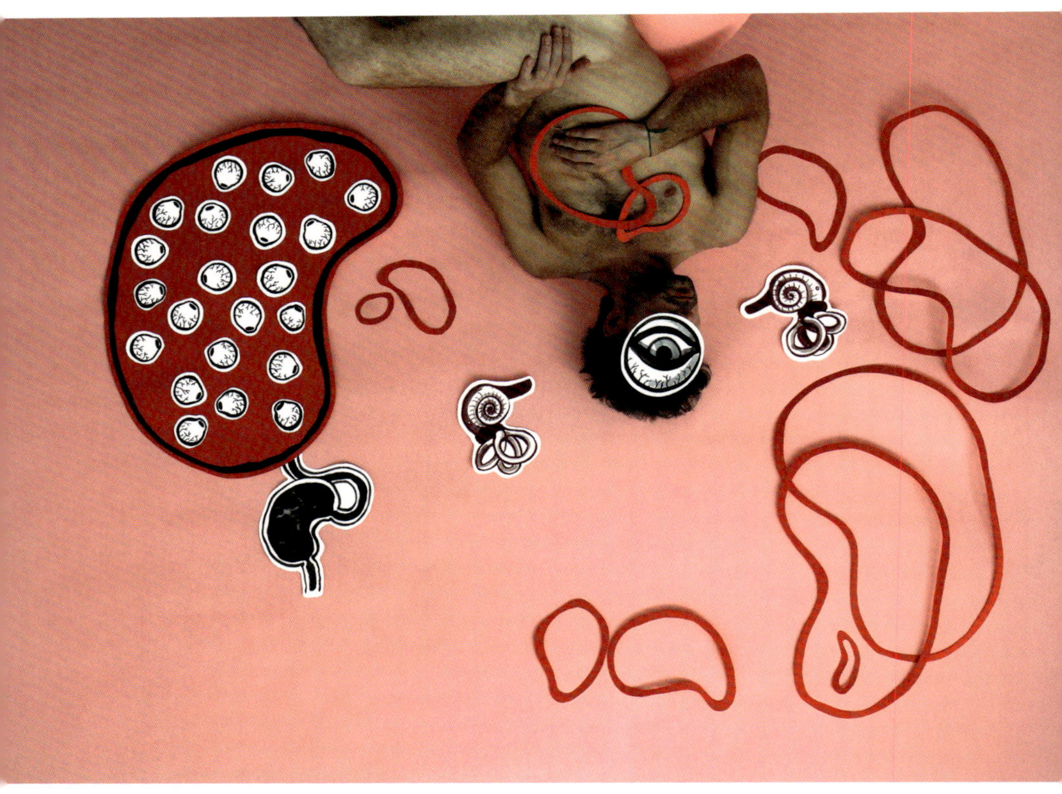

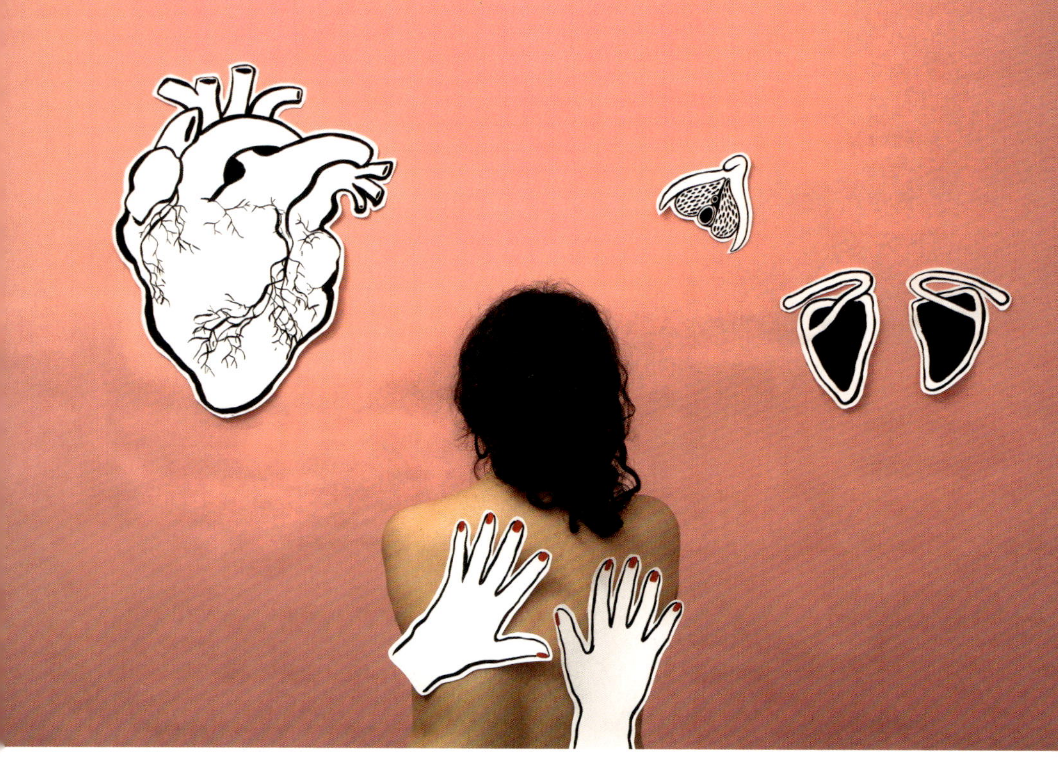

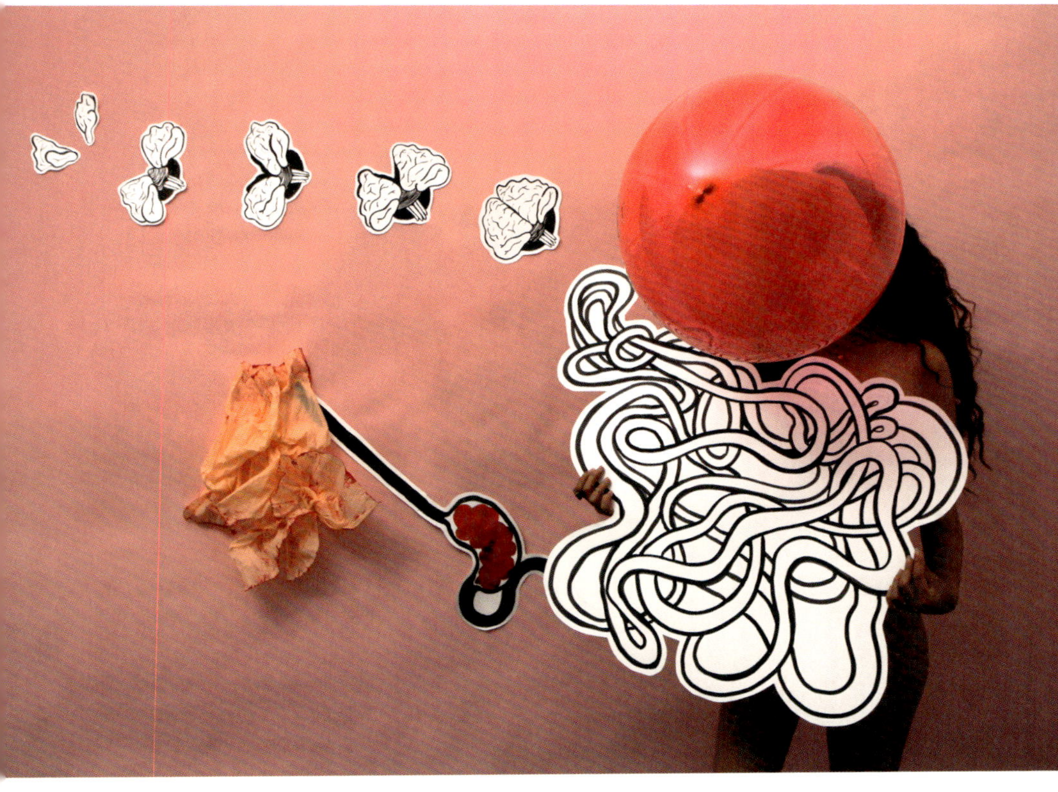

11

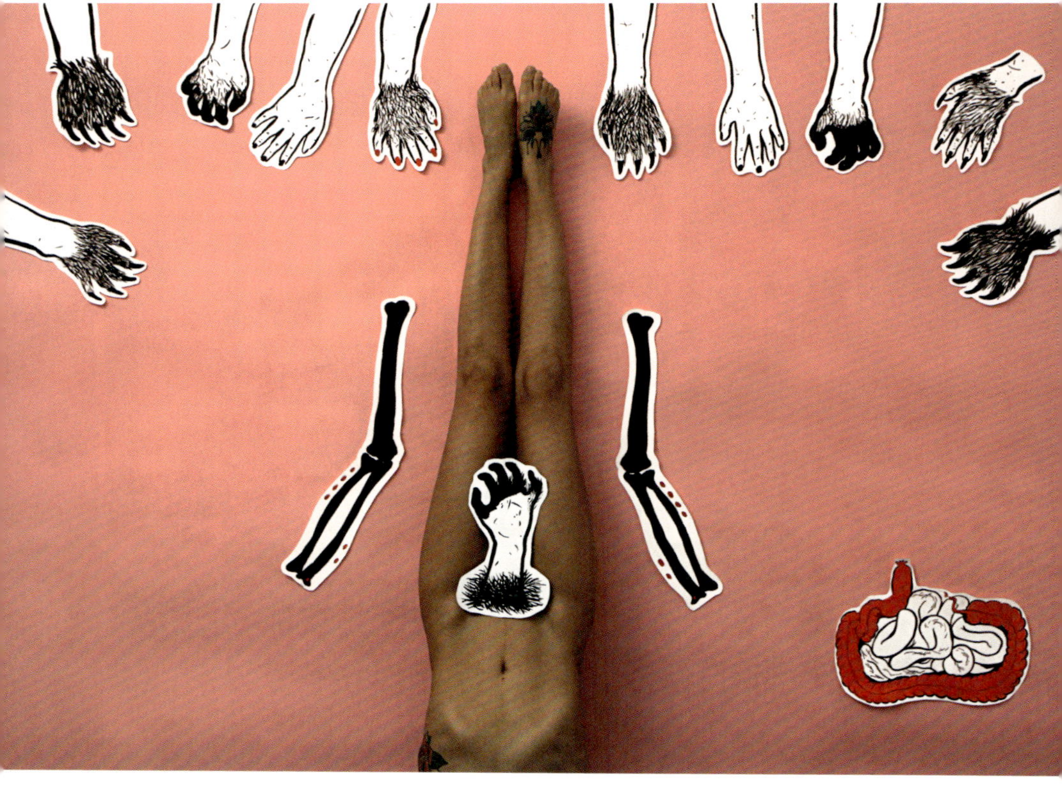

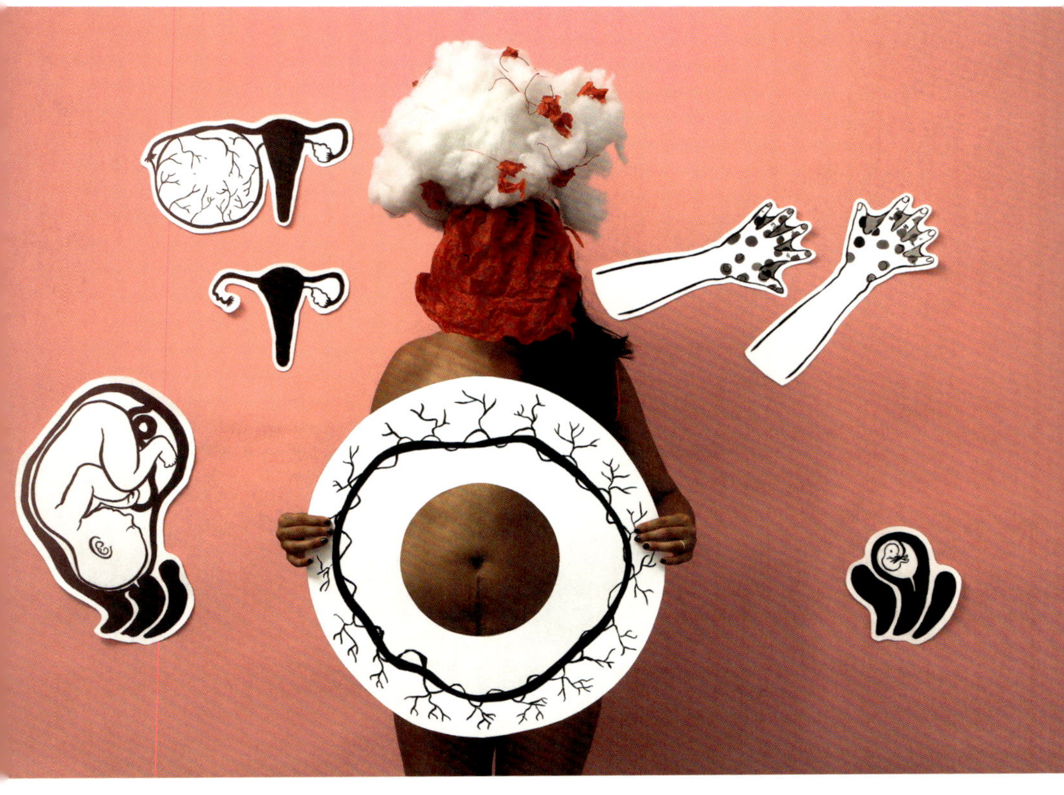

PREFACE

When I interviewed people for the project *What Does Your Body Know?* I noticed something unusual. I had drawn hundreds of organs, bones, and body parts in an attempt to visualise 'body knowledge'. However, listening inside myself was difficult. Although I felt healthy and full of life, a medical examination proved I was gravely ill – my cancer diagnosis came as a shock.

This paradox was inverted after months of treatment when I could hardly walk but, at the same time, the tumour was shrinking. Even sleeping was difficult, but the need to share feelings and thoughts did not cease. With every word, brushstroke, and photograph, I gave form to my inner world of longing, fear, and hope.

One night I found myself drawing single thin lines on paper as my hair was falling out; now it reminds me that hair grows like an open-ended story. Living surrounded by stories and art, my own and others, helped me to be the author of my own narrative beyond fragility.

The experience has not changed me, but it transformed me in fundamental ways. This is, perhaps, the gift of illness.

VORWORT

Als ich für das Projekt *Was weiß Dein Körper?* Menschen befragte, bemerkte ich etwas Ungewöhnliches. Auf der Suche nach einem Bild vom „Körperwissen“ hatte ich Hunderte von Organen, Knochen und Körperteilen gezeichnet. Obwohl ich mich gesund und voller Leben fühlte, wurde durch eine Untersuchung eine schwere Erkrankung festgestellt – die Krebsdiagnose war ein Schock.

Solch ein Widerspruch wiederholte sich gegen Ende der Behandlung erneut, ich konnte kaum noch gehen, der Tumor jedoch schrumpfte gleichzeitig. Sogar Schlafen fiel mir schwer, aber der Drang, Gefühle und Gedanken mitzuteilen, blieb. Beim Schreiben, Zeichnen und Fotografieren gab ich meiner inneren Welt eine Form. Sehnsucht, Angst und Hoffnung wurden sichtbar.

Eines Nachts, als meine Haare ausfielen, zeichnete ich einzelne dünne Linien aufs Papier. Heute erinnern sie mich an eine Geschichte mit offenem Ende. Nicht nur meine eigenen Geschichten und Bilder, auch die der anderen haben mir geholfen, meinem Leben ein Narrativ über die Zerbrechlichkeit hinaus zu geben.

Diese Erfahrungen haben mich nicht verändert, sondern auf grundlegende Weise verwandelt. Die Transformationskraft der Krankheit ist wahrscheinlich ihr Geschenk.

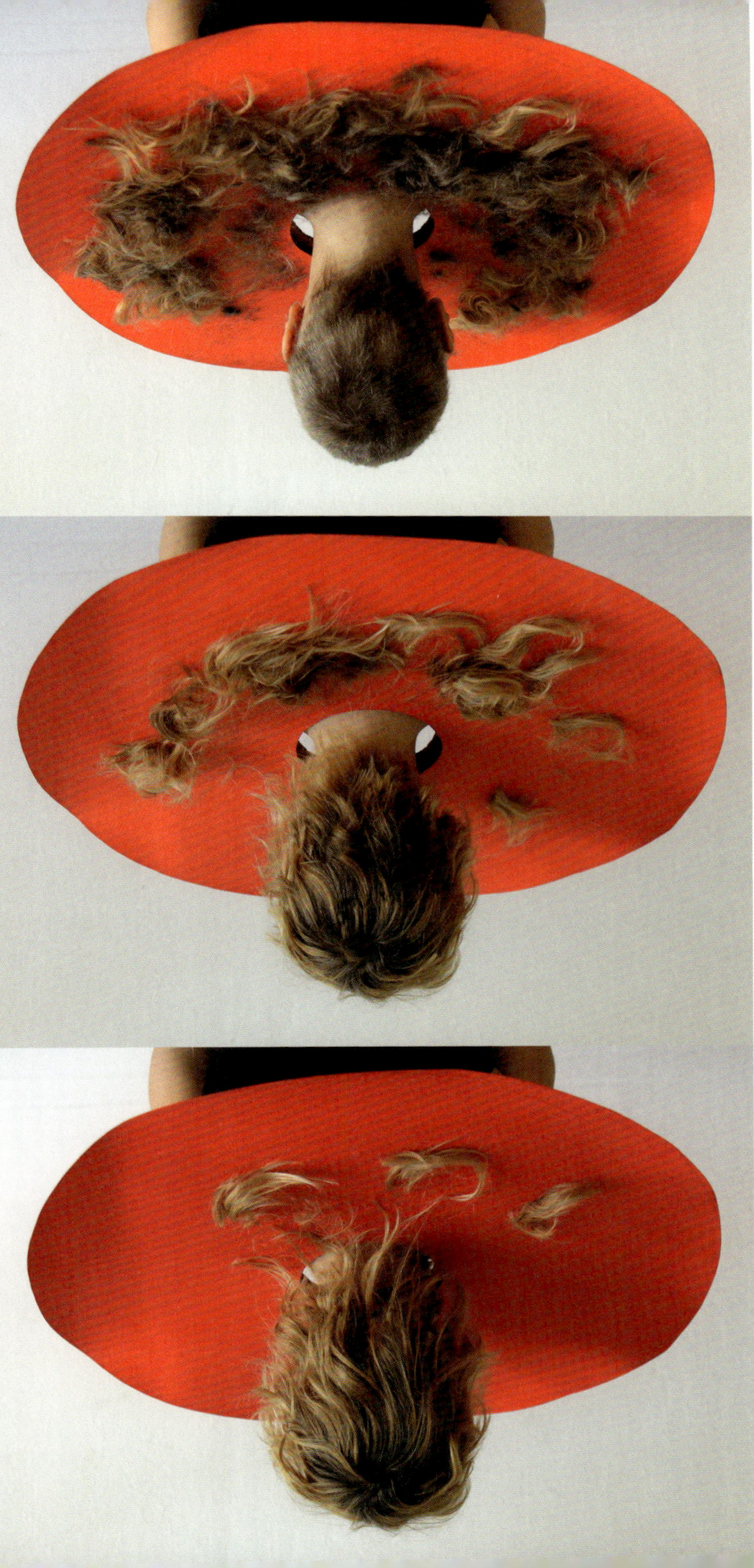

ANITA WOHLMANN

POINTS OF CONTACT: IMAGES AND WORDS IN ILLNESS

Experiences of existential crisis – when life is turned upside down – tend to seek some form of expression, and artists often explore deep human crises and the ways in which such crises can be conveyed: Which forms lend themselves to experiences of pain, loss, grief, and imminent death? Which images translate what is unspeakable? Which words capture what needs to be expressed and is yet so difficult to articulate? Which old stories and well-known metaphors provide a sense of home, stability, and recognition, and thus the insight that one is not the first and not alone in what feels otherwise isolating and estranging?

Not only artists, of course, feel the need to express and the desire to share. We have all been in the throes of deep crisis, in which we

< *Hairl( )ss*, 3 photographs, 2020

search for words, for images, for the right kind of frame that allows us to relay – or at least try – what we have undergone. Why? Maybe because it makes us feel less alone. Maybe because human beings are natural storytellers, as some researchers have argued. Maybe because our sense of self is tied to the narratives and images that we use to describe ourselves. Maybe because the act of seeking expression is, in itself, meaningful, revelatory, and healing.

In Medical Humanities and Narrative Medicine, these questions and hypotheses have been discussed for a long time. Since the mid-2000s, the field's long-standing focus on narrative has increasingly been challenged for being exclusionary and for its overly narrow focus on words. For this and many other reasons, Yvonne Buchheim's work is so intriguing as her visual work implicitly asks: How do images express layers of experiences that words might not capture? The visual power emanating from the photograph of a black tongue (page 47), from which an oil-like fluid trickles, is, arguably, unmatched in verbal form.

Crucially, Yvonne's work is not exclusionary in its focus on images either. She juxtaposes her visual work with short texts which open up a dialogue but also contain a dialogue within each form. For example, on page 31, we learn that *Looking into the eyes of death, she chooses not to fight. Instead, she visualises what is growing inside of her and imagines it shrinking away.* Not only does the text acknowledge – and dismiss – one of the most prominent illness metaphors, the fight metaphor, but it also articulates the therapeutic qualities of visualisation, suggesting that this strategy, which is often directed outward (towards the production of artworks) can also be directed inwards to gently deal with what is going on inside.

The first section of this book features photographic works and accompanying texts that are informed by Yvonne's illness experiences. When she was diagnosed with breast cancer, her life story became disrupted, and Yvonne became displaced in more than one sense: she had lived abroad for two decades and left Cairo, where she had been living and working, to return to Germany, her old, now estranged home country, in order to heal. She finds herself *In search of home*, as we read on page 40, and this sentence immediately invokes double meanings: a literal home and a figurative one in the body; a literal journey and a figurative one.

For 18 months, as Yvonne underwent therapeutic treatments and gradually healed, she sought expression in voice messages, diary writing, and making art. She also read works by writers who dealt with experiences of illness and hardship, and their writing offered – I am assuming – ways to connect, to feel less alone, to find meaning, and to heal. Some of these voices also seeped into Yvonne's own writing, creating an intertextual web of illness experiences. Literature, Yvonne mentioned in an email (before she listed several dozen titles and authors), was a 'life savior'. Is this an exaggeration, a biomedically oriented person might ask? It is not, a bibliotherapist would answer. For reading can indeed be beneficial, and maybe even therapeutic.

As a researcher in literary studies, I am particularly drawn to the accompanying texts. They are revised texts that originated in diary entries and voice messages sent to friends. First written in the first-person singular, Yvonne decided to shift to the third person pronoun 'she' which now characterises all vignettes. What does this shift accomplish? It creates distance, of course, for the artist but also

for the reader: the immediacy of the lived experience is reduced. And such distance can become a space for reflection, for exploration, and for self-care. In the end, it may even bring us closer to what is at the heart of the text. In introducing an 'other', unfamiliar voice, the alienating and othering experience of illness is reproduced, but on a different aesthetic dimension.

The portrait series *What Does Your Body Know*, which is displayed on pages 6 to 13, is closely tied to central themes of *In Search of Home*, the work displayed on pages 26 to 54. The shared themes are expression, the body, stories, and knowledge. The series of portraits originated in Egypt where Yvonne invited people to her studio to speak about their body's knowledge. From these conversations, Yvonne produced drawings, which were then arranged in the photographs together with the respective person she interviewed. The series is an attempt to tell body-stories visually and to give expression to subconscious, hidden body knowledge.

Ironically – or maybe uncannily – as Yvonne was working on the project, she discovered a lump in her breast. Before leaving Cairo with 'a suspicious mammogram' in her bag, as she describes the situation today, Yvonne took one additional photograph, a portrait of herself. It was, unbeknownst to herself, the last portrait in the series; and it became, later, the first point of contact in Yvonne's solo exhibition at the ACC Galerie Weimar (see page 6) because every visitor had to step through the centrally split, life-sized self-portrait to enter.

ANITA WOHLMANN

BERÜHRUNGSPUNKTE: BILDER, WORTE, KRANKHEIT

Erfahrungen existenzieller Krisen – wenn das Leben auf den Kopf gestellt wird – suchen in der Regel nach einer Form des Ausdrucks. Künstler*innen erforschen oft die Tiefen menschlicher Krisen und die Art und Weise, wie diese vermittelt werden können: Welche Formen eignen sich für Erfahrungen von Schmerz, Verlust, Trauer und drohendem Tod? Welche Bilder übersetzen das Unaussprechliche? Welche Worte erfassen, was ausgedrückt werden muss und doch so schwer zu artikulieren ist? Welche tradierten Geschichten und bekannten Metaphern vermitteln ein Gefühl von Heimat, Halt und Wiedererkennbarkeit und damit die Einsicht, dass man nicht allein ist in dem, was sich einsam und fremd anfühlt?

Natürlich haben nicht nur Künstler*innen das Bedürfnis, sich auszudrücken. Wir alle haben schon tiefe Krisen erlebt, in denen wir nach Worten, nach Bildern, nach dem richtigen Rahmen gesucht haben, der es uns ermöglicht, das Erlebte wiederzugeben – oder es zumindest zu versuchen. Warum? Vielleicht, weil wir uns dadurch weniger allein fühlen. Vielleicht, weil Menschen von Natur aus Geschichtenerzähler*innen sind, wie einige Wissenschaftler*innen behaupten. Vielleicht, weil unsere Vorstellung von uns selbst verbunden ist mit den Erzählungen und den Bildern, die wir von uns haben. Vielleicht, weil der Akt des Suchens nach einer adäquaten Ausdrucksform an sich bedeutungsvoll, aufschlussreich und heilend ist.

In den Medical Humanities und der Narrativen Medizin werden diese Fragen und Hypothesen schon lange diskutiert. Seit Mitte der 2000er Jahre wird der traditionelle Fokus dieses Feldes auf narrative Formen aber zunehmend als ausgrenzend und limitierend kritisiert. Aus diesem und vielen anderen Gründen sind die Arbeiten von Yvonne Buchheim so faszinierend, denn ihr primär visueller Zugang fragt implizit: Wie drücken Bilder Schichten von Erfahrungen aus, die mit Worten möglicherweise nicht erfasst werden können? Die visuelle Kraft, die von dem Bild einer schwarzen Zunge ausgeht (Seite 47), von der eine ölähnliche Flüssigkeit rinnt, ist in verbaler Form wahrscheinlich kaum zu erreichen.

Das Spannende an Yvonnes Arbeit ist, dass sie sich nicht auf Bilder beschränkt. Sie stellt ihren visuellen Arbeiten auch kurze Texte

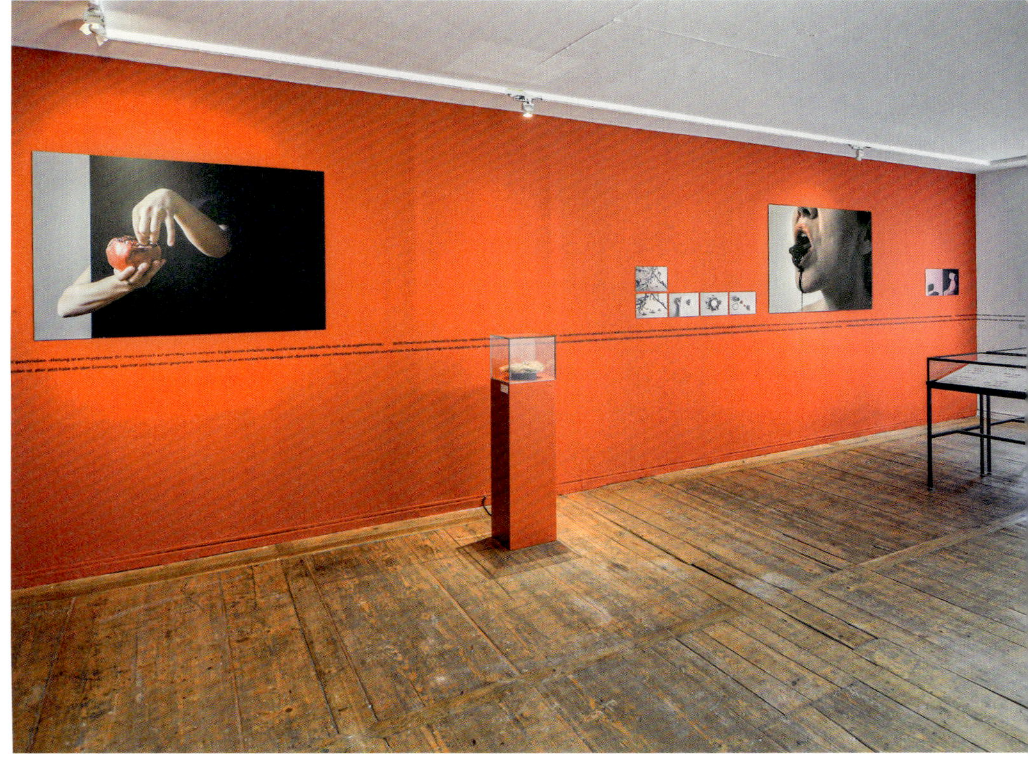

gegenüber, die einerseits einen Dialog mit den Bildern eröffnen, andererseits aber auch einen Dialog innerhalb der Texte enthalten. So erfahren wir beispielsweise auf Seite 31: *Im Angesicht des Todes beschließt sie, nicht zu kämpfen. Stattdessen sucht sie nach nach Bildern für das, was in ihr wächst und lässt es schrumpfen und verschwinden.* Der Text verwendet eine der bekanntesten Krankheitsmetaphern, die „Kampfesmetapher", und weist diese gleichzeitig entschieden zurück. Er beschreibt auch die therapeutischen Qualitäten von Visualisierungsstrategien, welche oft nach außen gerichtet sind (auf die Produktion von Kunstwerken zum Beispiel), aber auch nach innen gerichtet werden können, um sorgsam mit dem umzugehen, was in einem selbst vorgeht.

Der erste Teil des Buches umfasst fotografische Arbeiten und begleitende Texte, die von Yvonnes Krankheitserfahrungen geprägt sind. Als bei ihr Brustkrebs diagnostiziert wird, gerät ihre Lebensgeschichte aus den Fugen und Yvonne wird zu einer mehrfach Vertriebenen: Sie hatte zuvor zwei Jahrzehnte im Ausland gelebt und verlässt nun Kairo, um nach Deutschland, ihre alte, nun entfremdete Heimat, zurückzukehren und sich dort behandeln zu lassen. Sie ist *Auf der Suche nach Zuhause*, lesen wir auf Seite 41. Dieser Satz entfaltet mehrere semantische Ebenen: eine wortwörtliche Heimat und eine im übertragenen Sinne; eine tatsächliche Reise und eine metaphorische.

Während Yvonne sich achtzehn Monate lang therapeutischen Behandlungen unterzieht und es ihr allmählich besser geht, sucht sie nach Ausdrucksmöglichkeiten, beispielsweise in Sprachnach-

< *Kopfüberleben (life turned upside down)*, ACC Gallery Weimar, 2021

richten, im Tagebuchschreiben und in der Kunst. Sie liest Werke von Schriftsteller*innen, die sich mit Erfahrungen von Krankheit und Not auseinandersetzen. Diese Texte eröffnen Yvonne – so nehme ich an – neue Wege, einen Sinn zu finden, sich weniger allein zu fühlen und gesund zu werden. Einige der literarischen Bilder fließen auch in Yvonnes eigene Texte ein und so entsteht ein intertextuelles Netz aus Krankheitserfahrungen. Die Literatur, so schrieb mir Yvonne, bevor sie mehrere Dutzend Titel und Autor*innen aufzählte, sei eine „Lebensretterin" gewesen. Ein biomedizinisch orientierter Mensch würde diese Aussagen vielleicht als übertrieben empfinden, ein*e Bibliotherapeut*in jedoch nicht. Denn Lesen ist in der Tat wohltuend und es kann mitunter sogar therapeutische Wirkung entfalten.

Als Literaturwissenschaftlerin interessieren mich vor allem die Begleittexte. Es handelt sich um überarbeitete Texte, die ursprünglich aus Tagebucheinträgen und Sprachnachrichten an Freunde entstanden. Zunächst in der 1. Person Singular geschrieben, entschied sich Yvonne, in die 3. Person zu wechseln, welche nun alle Vignetten kennzeichnet. Was bewirkt diese Änderung? Sie schafft Distanz – für die Künstlerin, aber auch für die Lesenden. Die Unmittelbarkeit des Erlebten wird reduziert und diese Distanz kann Raum für Reflexion, Erkundung und Selbstfürsorge schaffen. Am Ende führt uns dieses literarische Mittel vielleicht sogar näher an den Kern des Textes heran. Durch die Einführung einer anderen, ungewohnten Stimme wird die entfremdende und ausgrenzende Erfahrung der Krankheit reproduziert, jedoch auf einer anderen ästhetischen Ebene.

Die Porträtserie *What Does Your Body Know (Was weiß Dein Körper)*, die auf den Seiten 6 bis 13 zu sehen ist, steht in engem Zusam-

menhang mit den zentralen Themen der folgenden Arbeit *In Search of Home (Auf der Suche nach Zuhause)*: Ausdruck, Körper, Geschichten und Wissen. Die Porträtserie entstand in Ägypten, wo Yvonne Menschen in ihr Atelier einlud, um über das Wissen ihres Körpers zu sprechen. Im Nachgang zu diesen Gesprächen fertigte Yvonne Zeichnungen an, die dann in den Fotografien zusammen mit der jeweils interviewten Person arrangiert wurden. Die Serie ist ein Versuch, Körpergeschichten visuell zu erzählen und dem unbewussten, verborgenen Körperwissen Ausdruck zu verleihen.

Ironischerweise – und vielleicht auch unheimlicherweise – entdeckte Yvonne während der Arbeit an dem Projekt einen Knoten in ihrer Brust. Bevor sie Kairo mit einer „verdächtigen Mammografie" in der Tasche verließ, wie sie die Situation heute beschreibt, machte Yvonne noch ein Foto, nämlich ein Porträt von sich selbst. Es war, ohne dass sie es wusste, das letzte Porträt der Serie; und es wurde später der erste Berührungspunkt in Yvonnes Solo-Ausstellung in der ACC Galerie Weimar (siehe Seite 6). Denn jede*r Besucher*in musste durch das mittig geteilte, lebensgroße Selbstporträt hindurchgehen, um einzutreten.

IN SEARCH OF HOME
AUF DER SUCHE NACH ZUHAUSE

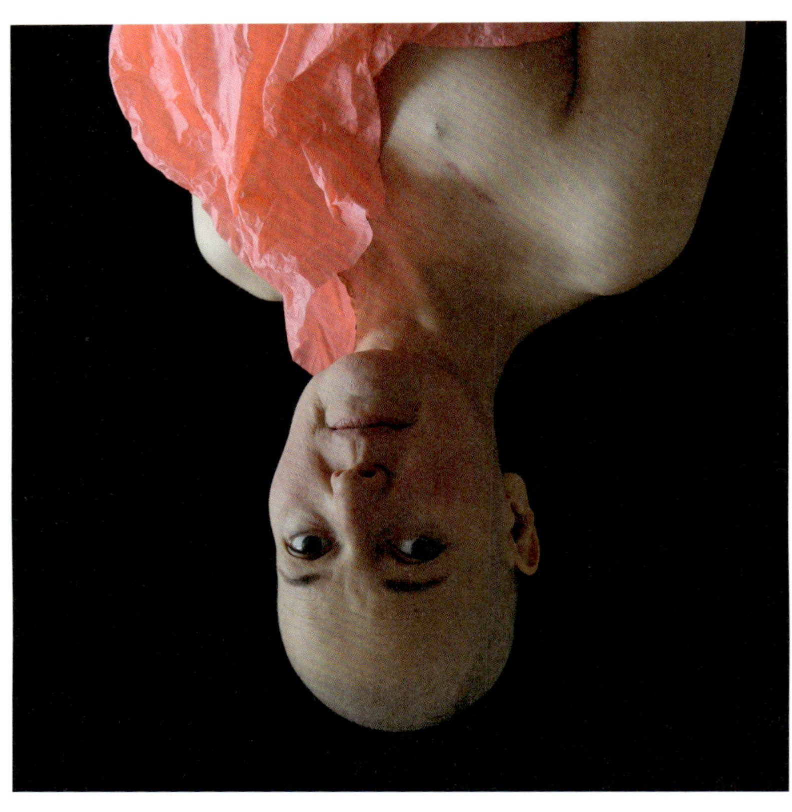

One night, her flat is visited by a colony of bats
swirling around the room, a silent witness.
The morning after, in her disbelief, she cleans up thousands of
droplets covering the floor, bearing proof of the encounter.

*Eines Nachts wird ihre Wohnung von Fledermäusen heimgesucht.
Sie ist stumme Zeugin der herumsausenden Meute.
Am nächsten Morgen fegt sie ungläubig tausende von Kotkrümeln
vom Boden, die an die nächtliche Begegnung erinnern.*

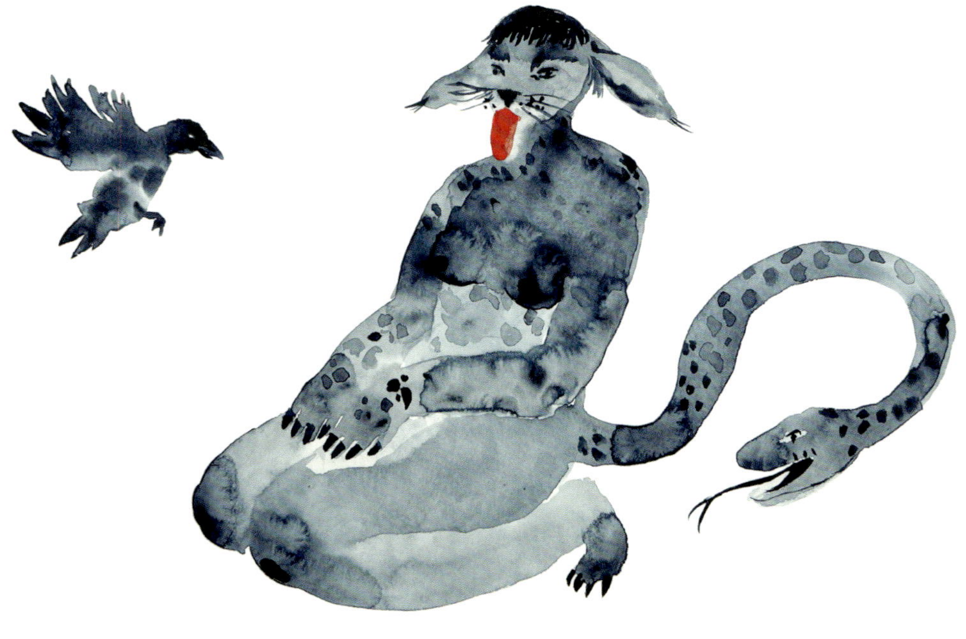

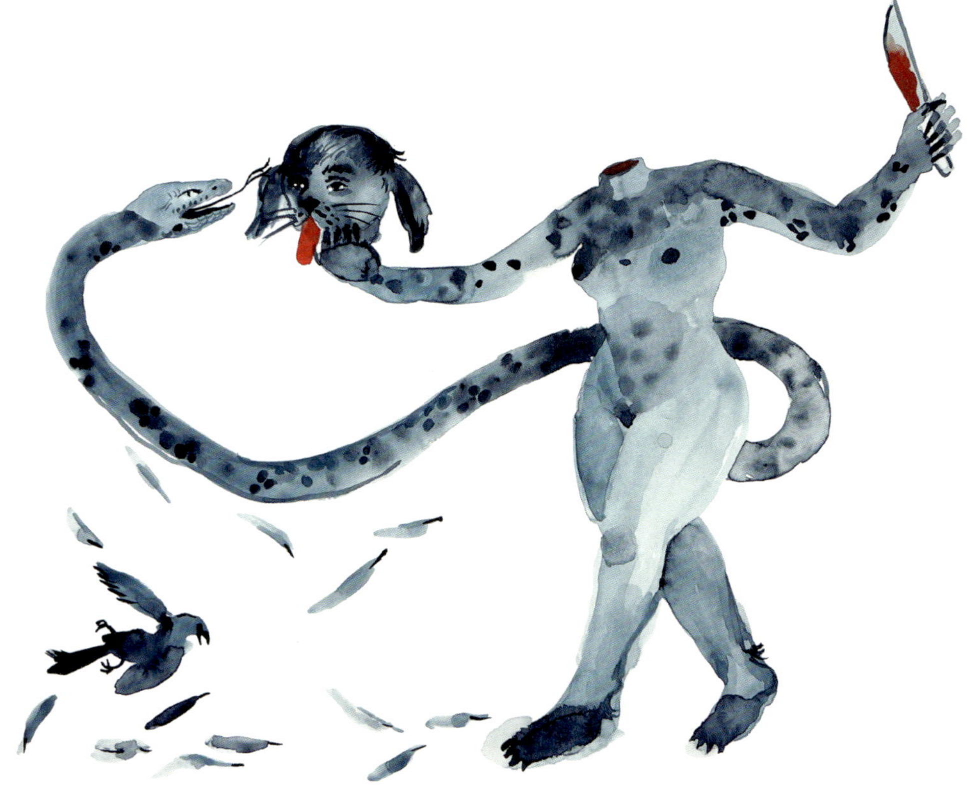

After diagnosis, everything takes on meaning.
Metaphors are everywhere. Are bats the harbinger of death
or symbolise rebirth and transformation?
Looking into the eyes of death, she chooses not to fight.
Instead, she visualises what is growing inside of her and
imagines it shrinking away.

Seit der Diagnose hat alles eine Bedeutung. Metaphern sind überall.
Sind Fledermäuse ein Vorbote des Todes oder symbolisieren sie
Wiedergeburt und Verwandlung? Im Angesicht des Todes beschließt sie,
nicht zu kämpfen. Stattdessen sucht sie nach Bildern für das,
was in ihr wächst und lässt es schrumpfen und verschwinden.

It is a strange paradox to simultaneously get better and worse.
Insomnia and gratitude are steady companions.
When all hair is gone, she learns how to draw eyebrows
onto her bald head, and a voice encouragingly says:
Your eyebrows are sisters, not twins.

Der Prozess ist seltsam und paradox: Während es besser wird,
geht es ihr zugleich schlechter. Als alle Haare verschwunden sind,
lernt sie, sich Augenbrauen auf die Haut zu zeichnen.
Eine ermutigende Stimme dringt zu ihr durch:
Deine Augenbrauen sollen keine Zwillinge sein, aber Schwestern.

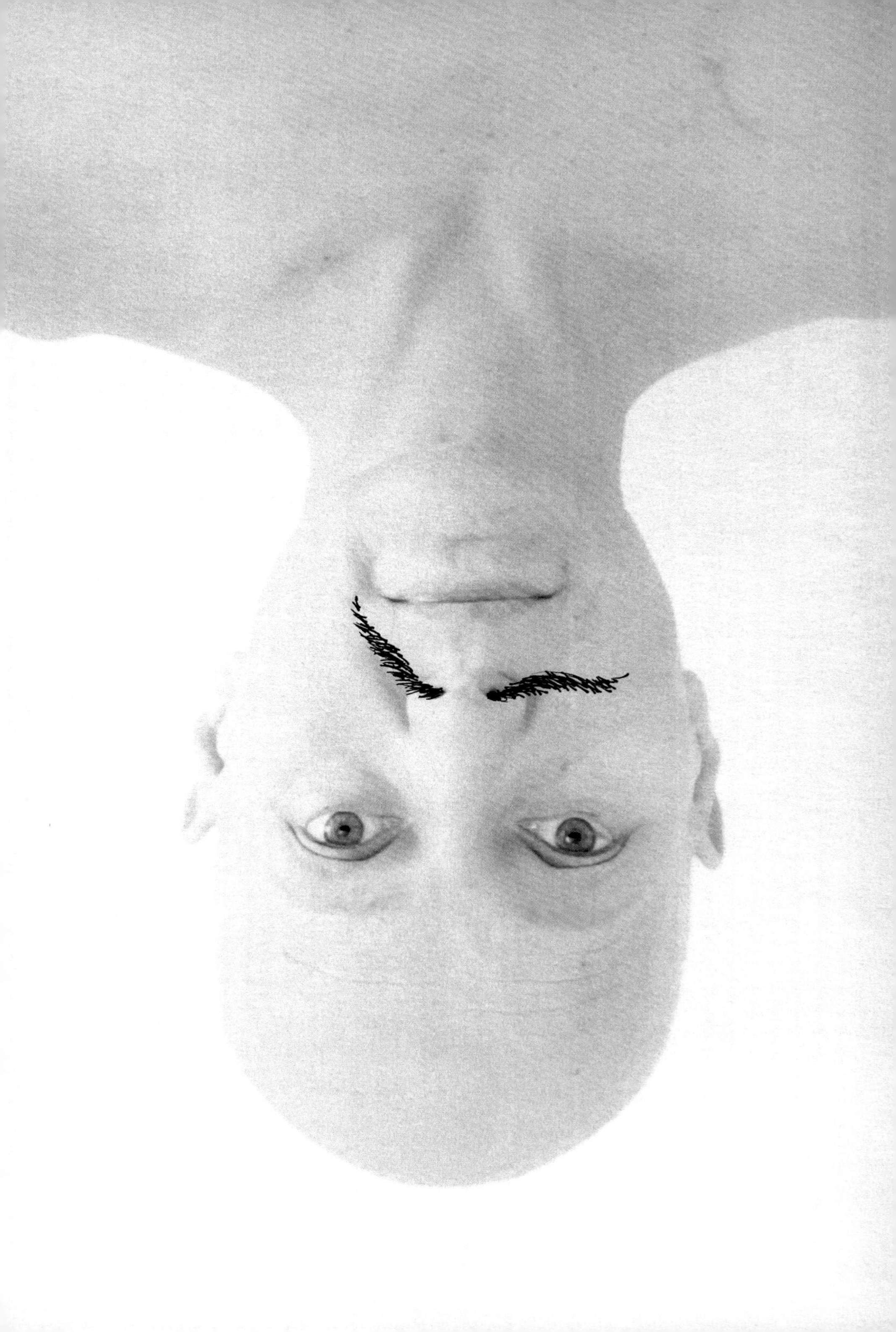

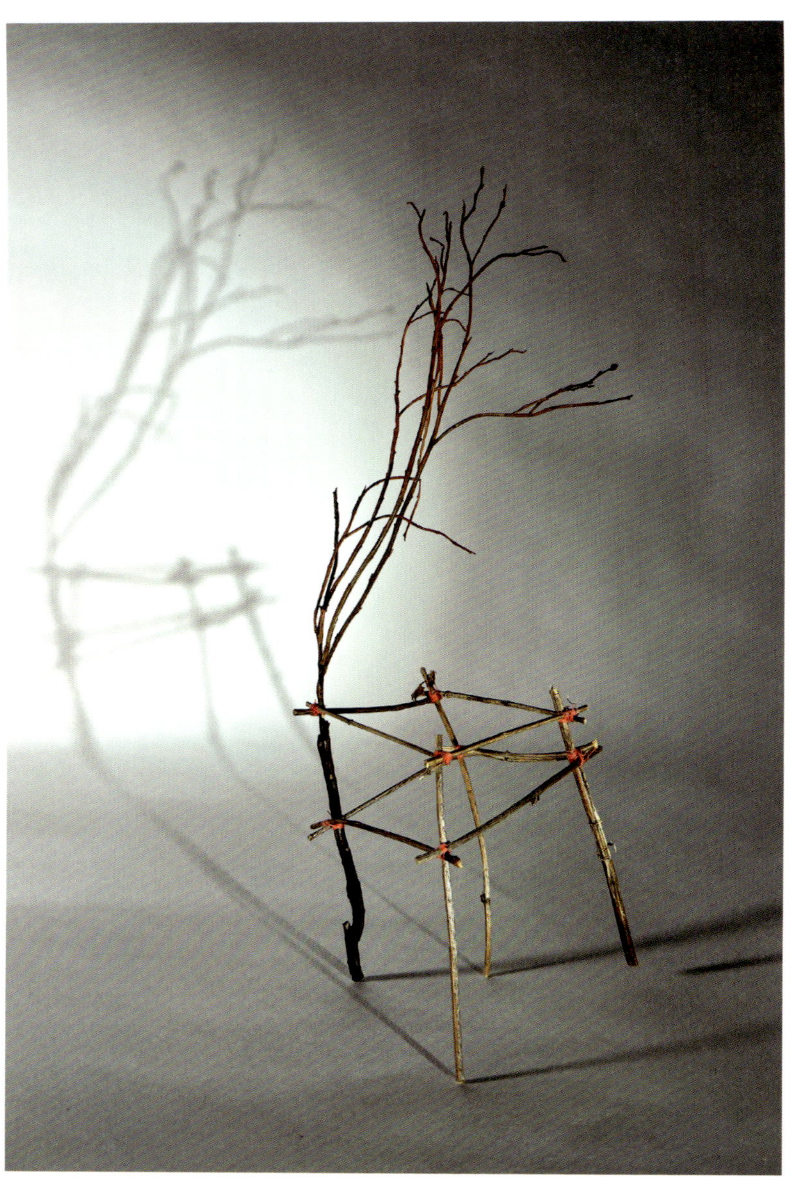

She collects sticks and stalks on winter walks, and carefully binds them into scaffolds held by beeswax and thread. It is a red thread and a metaphor for time slowed down during illness.

Auf winterlichen Spaziergängen sammelt sie Äste und Stöcke und verbindet diese mit Wachs oder Garn sorgfältig zu Gerüsten. Es ist ein roter Faden und wird zum Bild für die verlangsamte Zeit während der Krankheit.

The two belong together, like life and death,
like the end and the way.

Die beiden gehören zusammen wie Leben und Tod,
wie das Ende und der Weg.

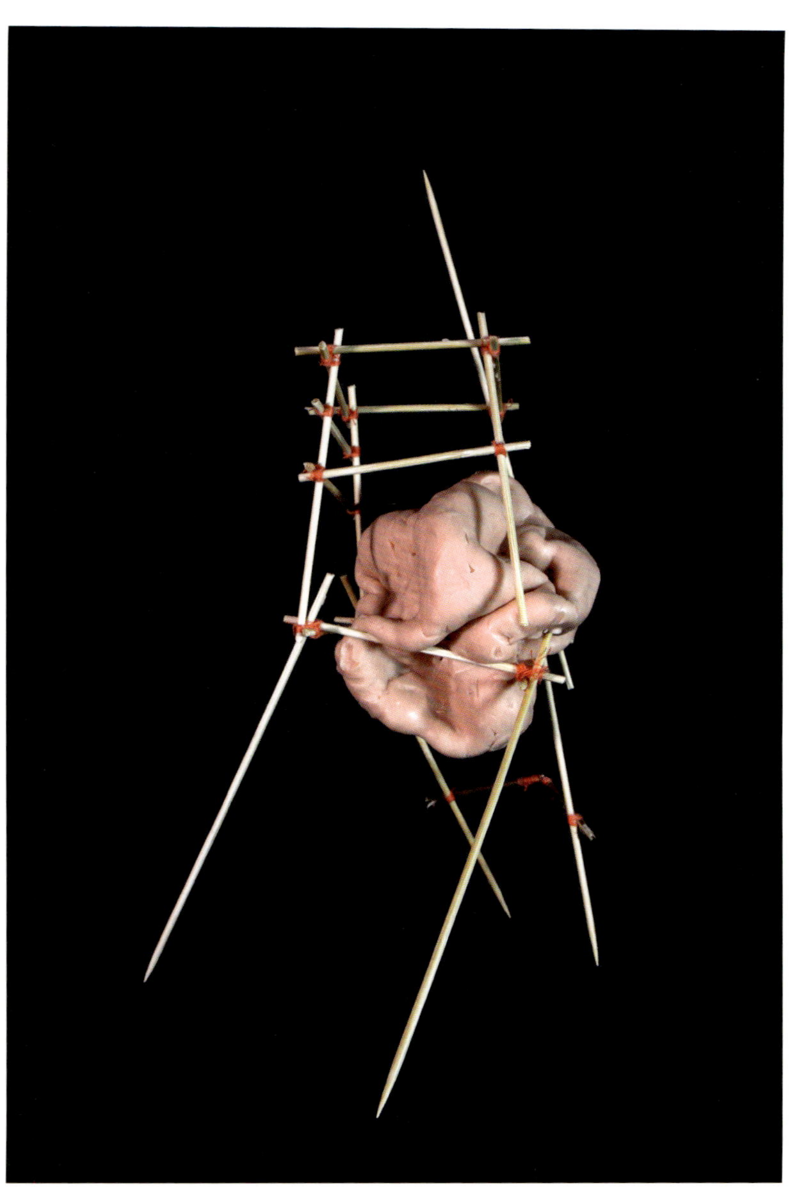

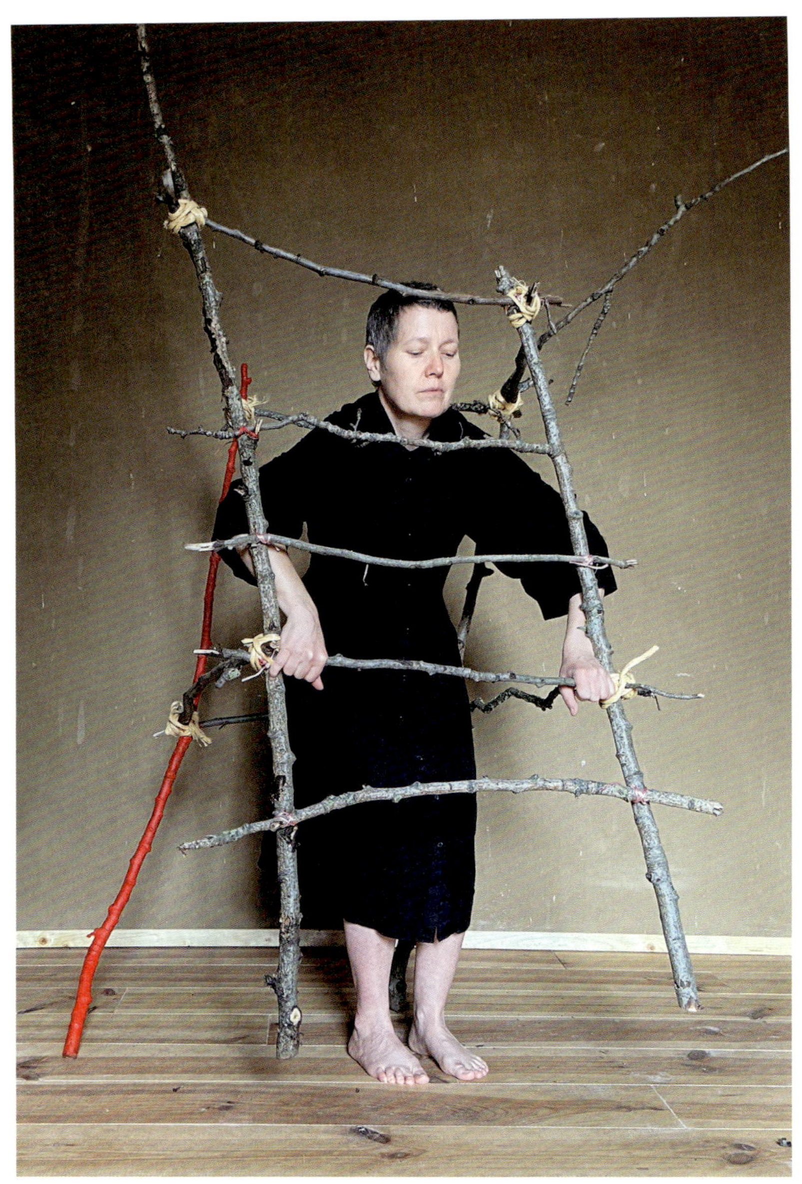

She holds the position and time stretches out.
Global infection rates rise and the world slows down.
The scaffold holds her until someone else needs to be held.

Sie verharrt im Stillstand und Zeit dehnt sich aus.
Die globalen Infektionsraten steigen und die Welt verlangsamt sich.
Das Gerüst gibt Halt bis ein nächster diesen Platz braucht.

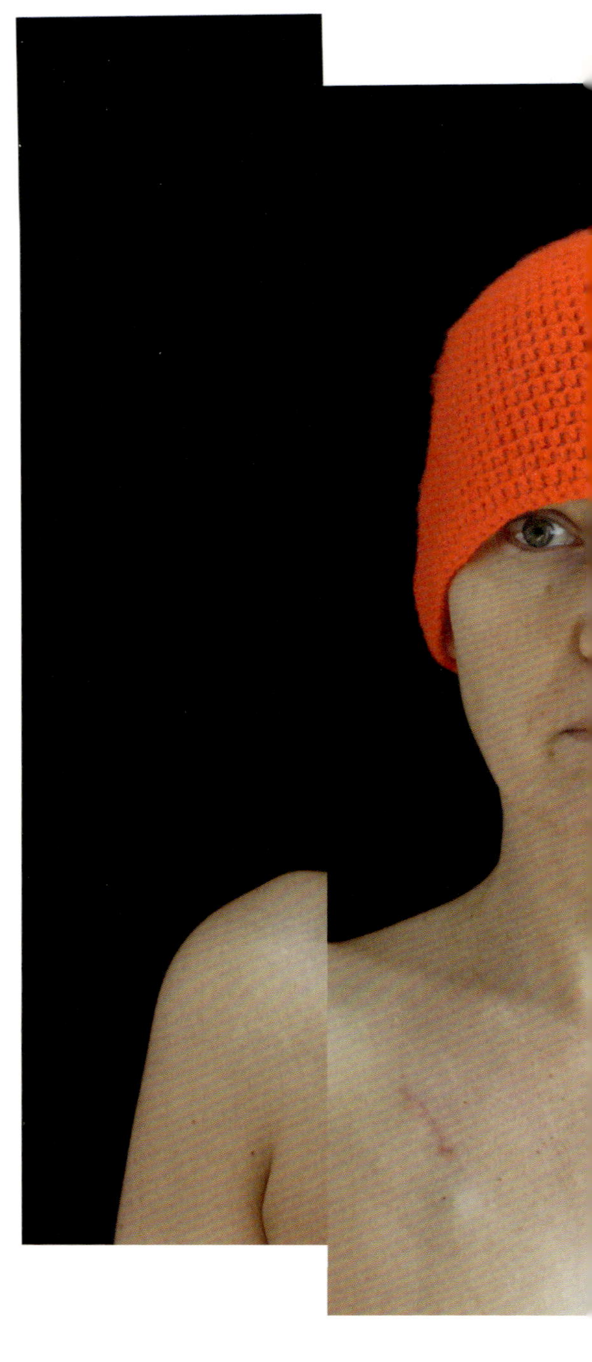

In search of home.

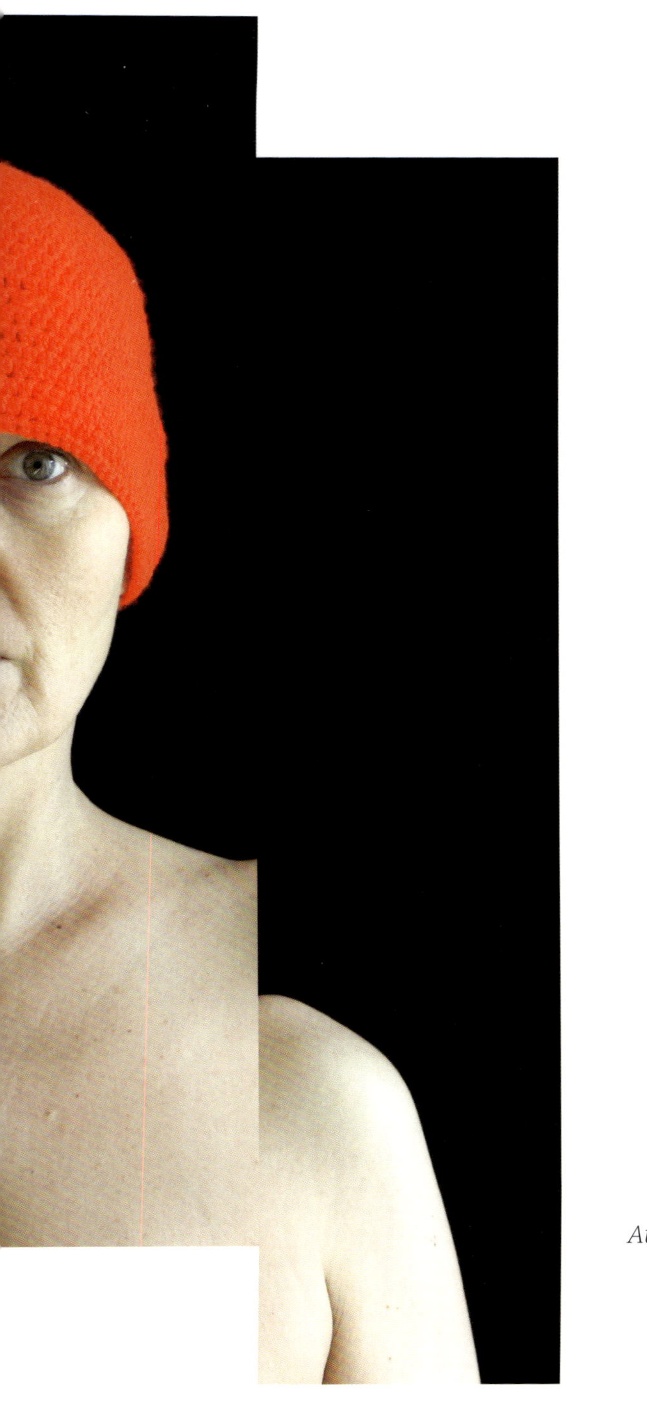

Auf der Suche nach Zuhause.

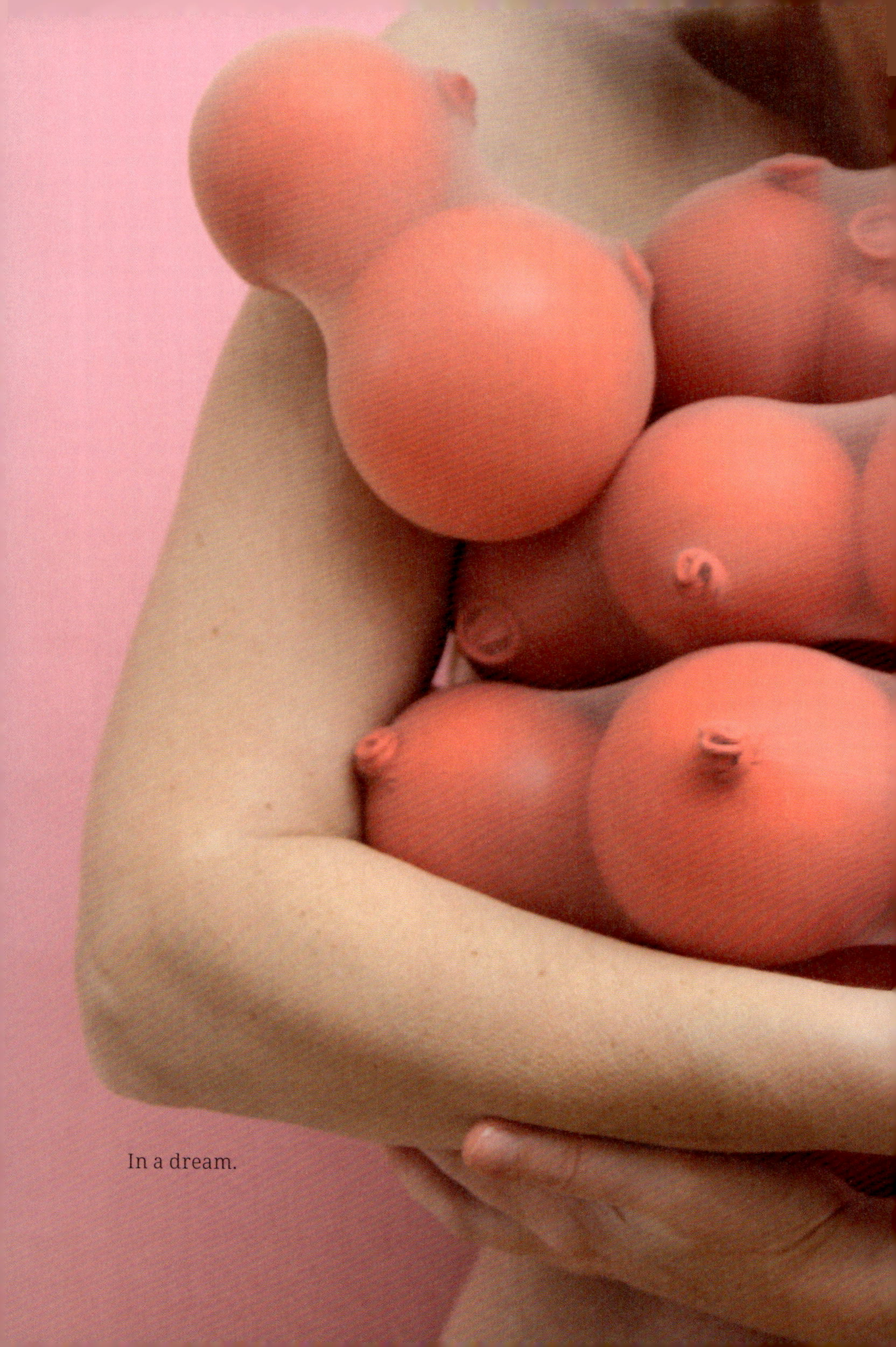

In a dream.

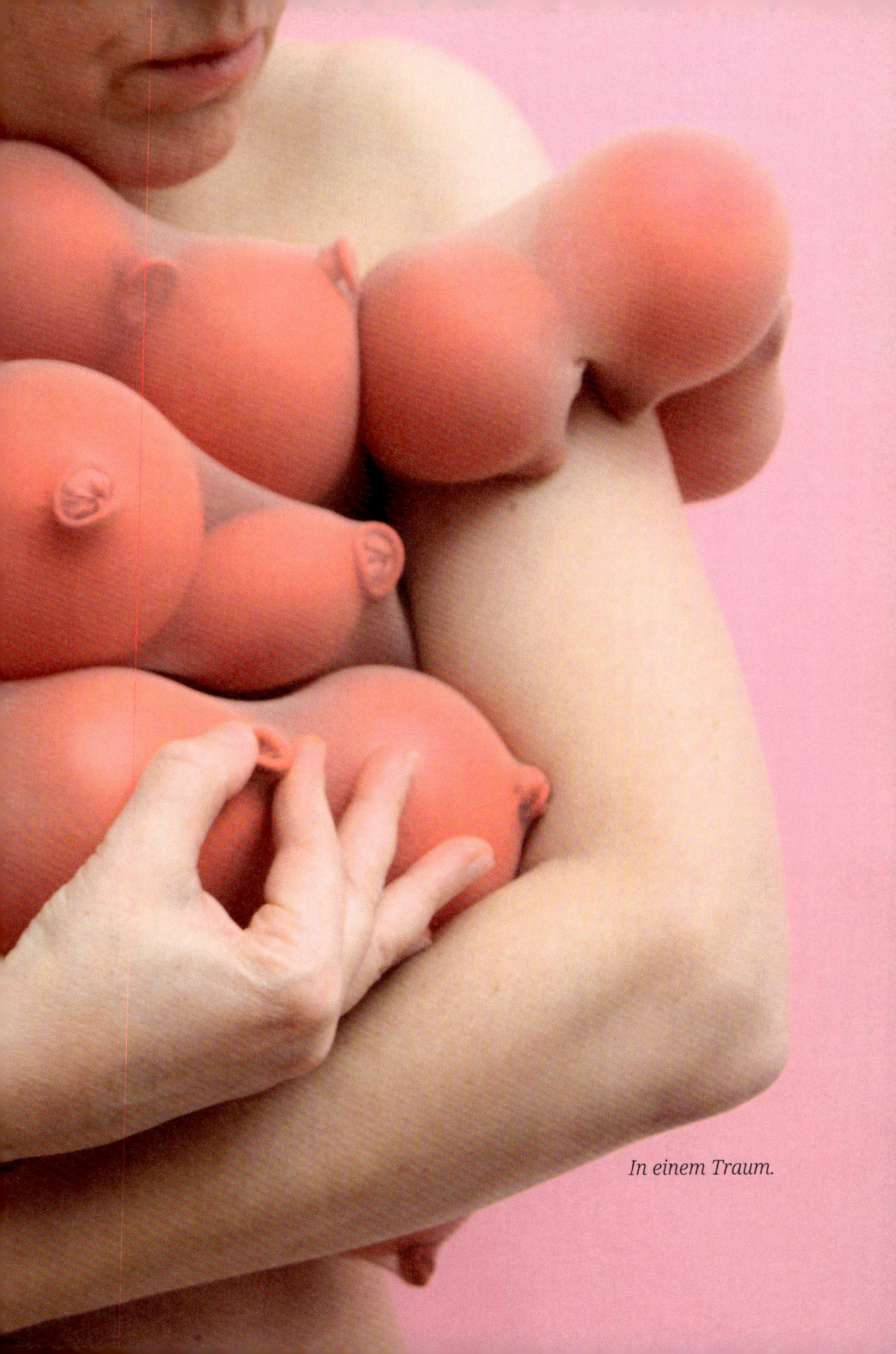

In einem Traum.

Her body is home.
When the body turns out unreliable,
she listens inside herself.
What she hears is ...

Ihr Körper ist ihr Zuhause.
Als sich der Körper als unzuverlässig erweist,
horcht sie in sich hinein.
Was sie hört, ist ...

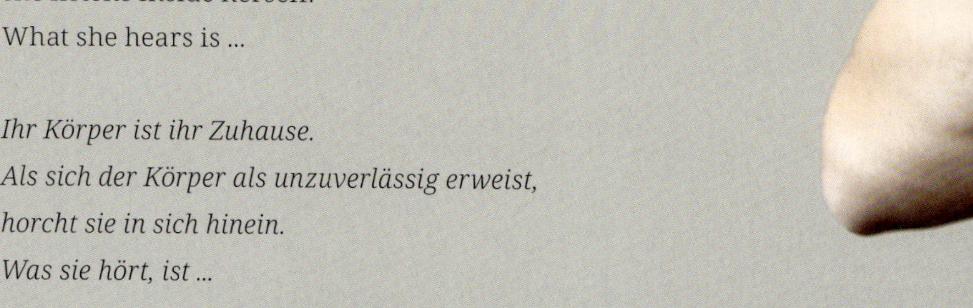

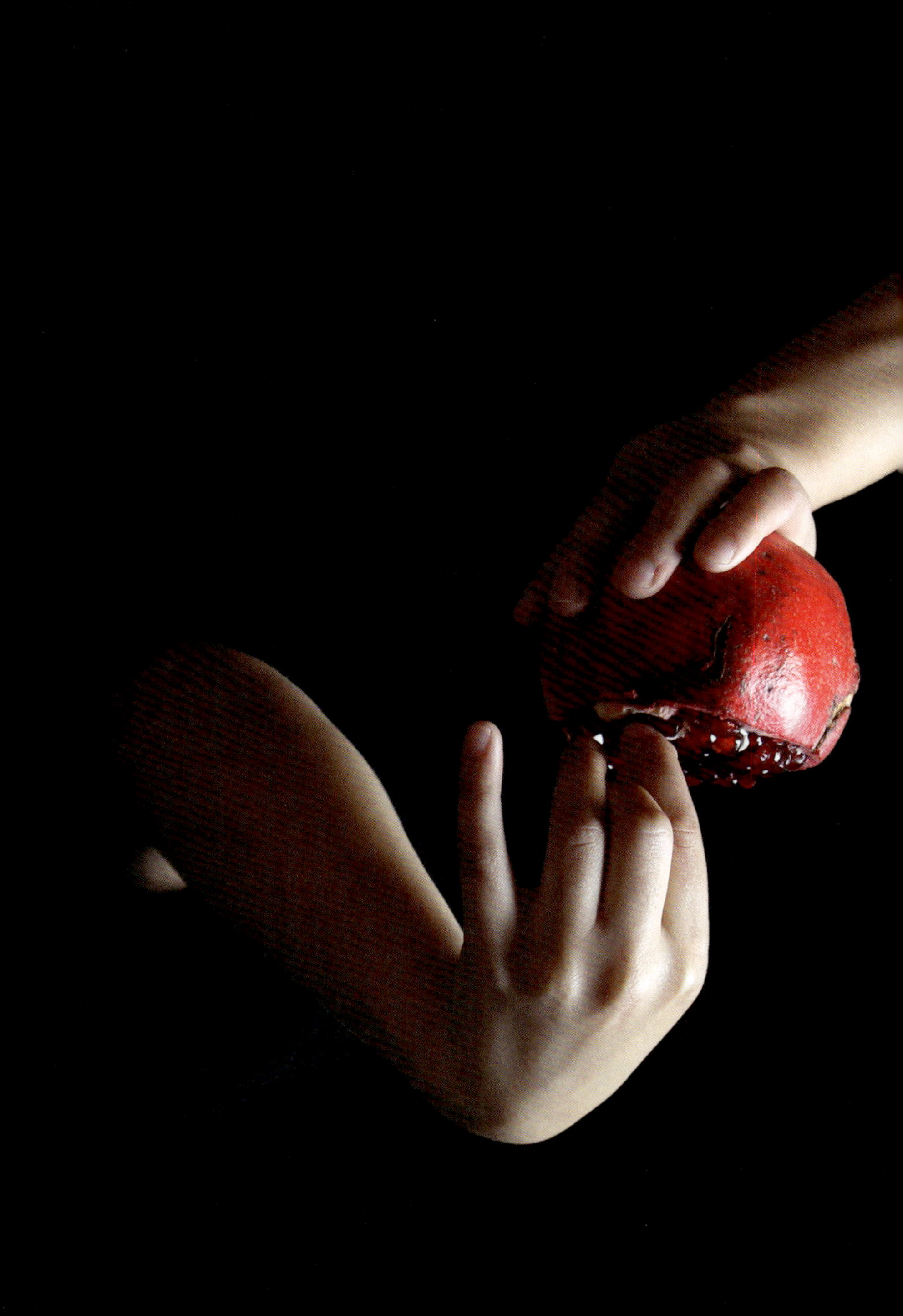

Who is the one in my ear listening to my voice?

Wer ist diejenige in meinem Ohr, die meine Stimme hört?

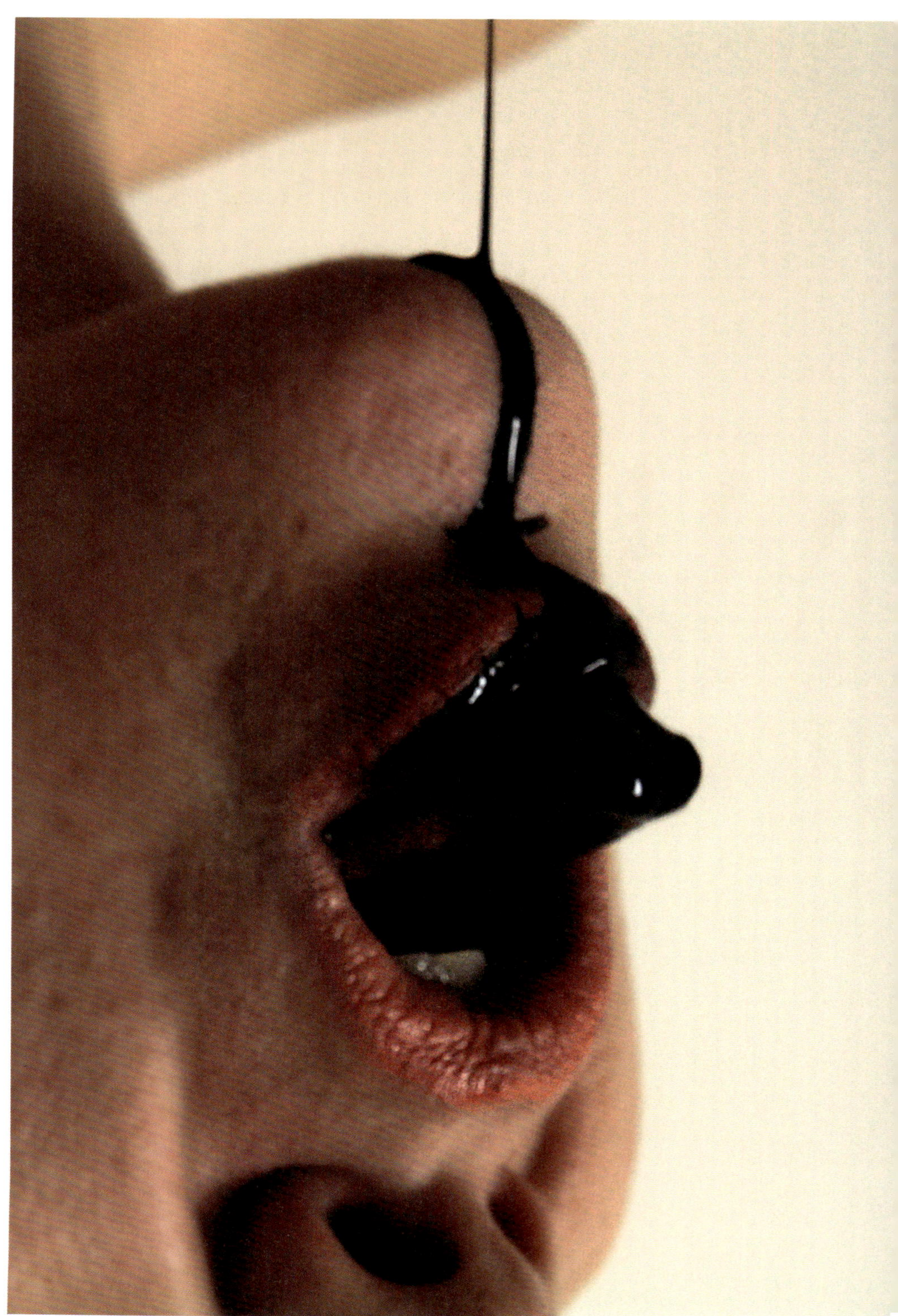

Her heart rates are measured and blood is drawn.
She also fills out a detailed questionnaire:
Are you sad?
Are you having trouble concentrating?
How do you rate your quality of life, from one to seven?
Do you find yourself attractive?
Do you have trouble sleeping?
Are you satisfied with your sex life, on a scale of one to four?

Ihre Herzfrequenz wird gemessen und ihr wird Blut abgenommen.
Außerdem füllt sie einen detaillierten Fragebogen aus:
Sind Sie traurig?
Haben Sie Schwierigkeiten, sich zu konzentrieren?
Wie schätzen Sie Ihre Lebensqualität ein auf einer Skala
von eins bis sieben?
Finden Sie sich selbst attraktiv?
Haben Sie Schlafprobleme?
Wie zufrieden sind Sie mit Ihrem
Sexualleben auf einer Skala von eins bis vier?

When a snake sheds its skin, new skin forms and the old one falls off. Sometimes it does not come off easily.
For a while, the snake sees nothing. It takes time for the old skin to loosen completely and to be left behind.

Wenn sich eine Schlange häutet, bildet sich eine neue Haut und die alte fällt ab. Manchmal löst sie sich nicht so leicht.
Für eine Weile kann die Schlange nichts sehen. Es dauert, bis sich die alte Haut vollständig löst und zurückgelassen werden kann.

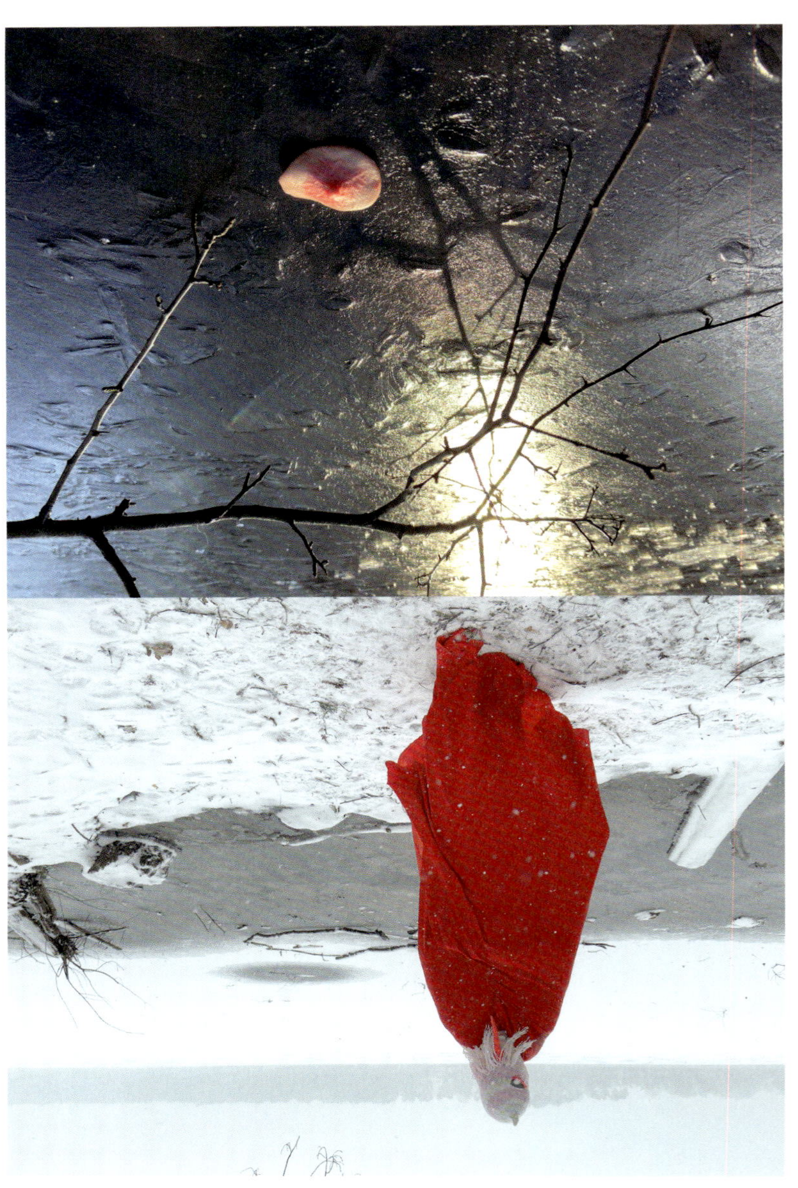

What is it like to live in the presence of death?

Wie lebt es sich im Angesicht des Todes?

Healing is a mysterious process, and it is easy to get lost along the way. The path is wayward as the journey does not end at its destination.

Heilung ist ein mysteriöser Prozess und auf dem Weg kann man sich leicht verirren. Die Reise ist unvorhersehbar und endet nicht mit dem Ziel.

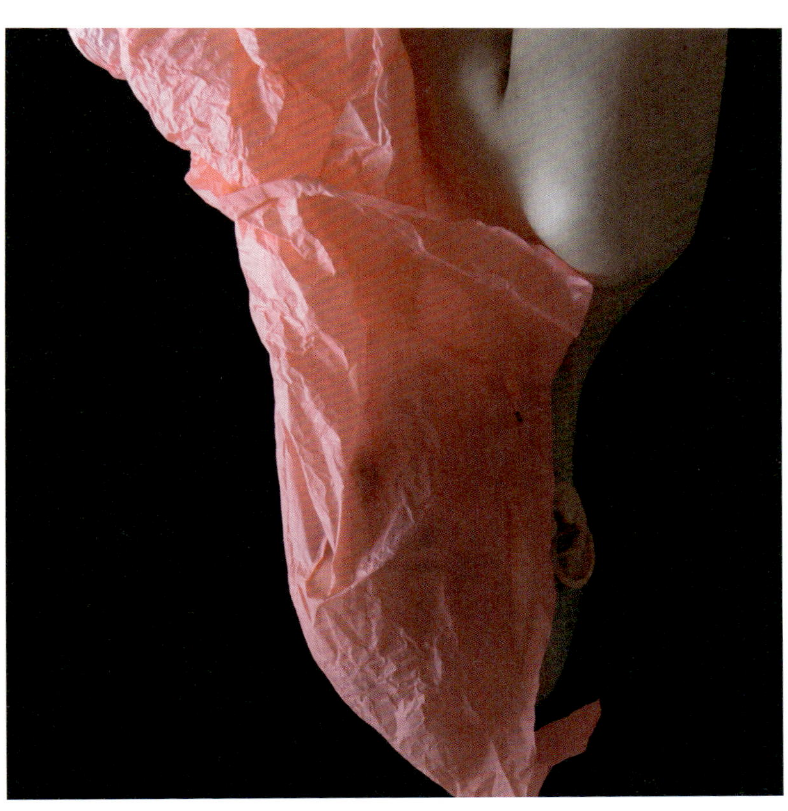

ISMAIL FAYED

ON FRAGILITY AND RESILIENCE: SURVIVING LIFE AND ILLNESS

Illness always assumes a state of difference, a certain alterity that can point out a different body or a certain change within that body. It is hard to conceptualise illness without immediately invoking a value judgement on what constitutes health or a healthy body. Such conceptualisation can take a hard scientific approach, looking at minute cellular interactions and biomolecular processes, but for the longest time, for most of Western history in fact, this was not how we thought of illness or health.

In premodern times, illness or disease was attributed to an imbalance in 'humours', the humoral theory, a more elemental definition, relating the body to a broader, less scientific notion of nature. Our bodies were extended microcosms of nature's elements, fire, air, earth, and water, with bodily fluids (phlegm, blood, yellow bile, black bile) corresponding to a state and an element. Disturbances in

our bodies, were about one element exceeding or overriding other elements. The need to constantly align ourselves with the elements around us and their extension inside of us, and how well we hold them in balance, was what made us healthy or sick.

With modern medicine and the development of a more precise pathology of disease (thanks to microscopes), a more specific, perhaps even more sinister definition of illness arises. Causative agents of disease, especially infectious disease, are seen as potential enemies. And while more recent and thorough study of human interaction with the environment, from within our bodies and from without, reveals far more complex relationships with billions of other organisms, more militaristic metaphors of invasion, vanquish, and attack still persist when describing disease.

It is this paradigm of thinking, the particular use of language and the kind of imaginary that springs from it, that Yvonne Buchheim's work profoundly unsettles as she tries to explore the experience of illness and having a diseased body. Using a variety of mediums that involve the manipulation of time, whether condensing it or suspending it, Yvonne shows the possibilities of thinking about our bodies as sites of extreme fragility and unimaginable resilience, at the same time. Guided by a certain intuition that is meticulous and obsessive, Yvonne tries to understand what the risk of having a body entails. Such a question never really crosses our mind as we remain healthy and safe from external or internal threats. Bodies always become 'a problem' when they are in a state of difference.

That risk, which suddenly became part of the artist's life, leads to an inevitable process of questioning. Questions that, to our minds,

can sometimes appear too obvious, too simple, or too abstract. In one of her longest video pieces, *Are You Happy?,* Yvonne paints with a brush, in strong tones of red, across a simple white sheet of paper, some of those questions. The fluid motion of dipping the brush into ink, and sliding it along a surface, in continuous, cursive writing, almost looks like a ceremony. A ritual of self-examination that gives those questions the form and materiality that we rarely allow them. Such choreographic gestures, which characterise a lot of her work, constantly bring us back to Yvonne's body. The shifting cadence, between stop-motion film, slow deliberate gestures, to complete stillness (in the photographic series *Shrinking*) all reveal the variegating weight we feel of our bodies, at different stages of sickness or health.

That oscillation between lightness and heaviness, between a fluid and a still physicality, of the sheer weight of carrying a body, is a piercing reflection of how illness and healing are two processes that do alter our perception of our bodies and how we 'carry' them. Yvonne attempts to reflect that oscillating, non-linear process of surviving illness, but also having a body. The question of understanding or trusting our bodies haunts the experience of a disease like cancer. With an abnormal cell growth attributed to a whole wide range of factors, many we might not immediately understand, that unreliability of the body is more evident, as what is usually taken for granted is suddenly mutating, transforming into other forms of life that could be detrimental to ours.

Spark of Life (Lebensfunke), photographic series, 2019-2021 >

The artist draws many parallels between this unreliability of the body and the sense of being at home, or settled in a home. It is hard to imagine being at home, outside of our bodies or in spite of them. And there is a certain intuition about that sense of belonging, or trust, that is questioned through Yvonne's own experience of leaving Germany, initially settling in Ireland, later the UK, and finally Egypt, and then going back to Germany yet again, and in that last return, surviving the experience of cancer. The intuition of understanding how similar this dispossession is to the experience of being a body afflicted or body 'anticipating' its own alteration is serendipitously captured in the stop-motion film *I Feel Like Home, It Feels Like Home* that Yvonne started in Cairo before being diagnosed and then finished after her diagnosis in Germany. The thousands of stills, and the

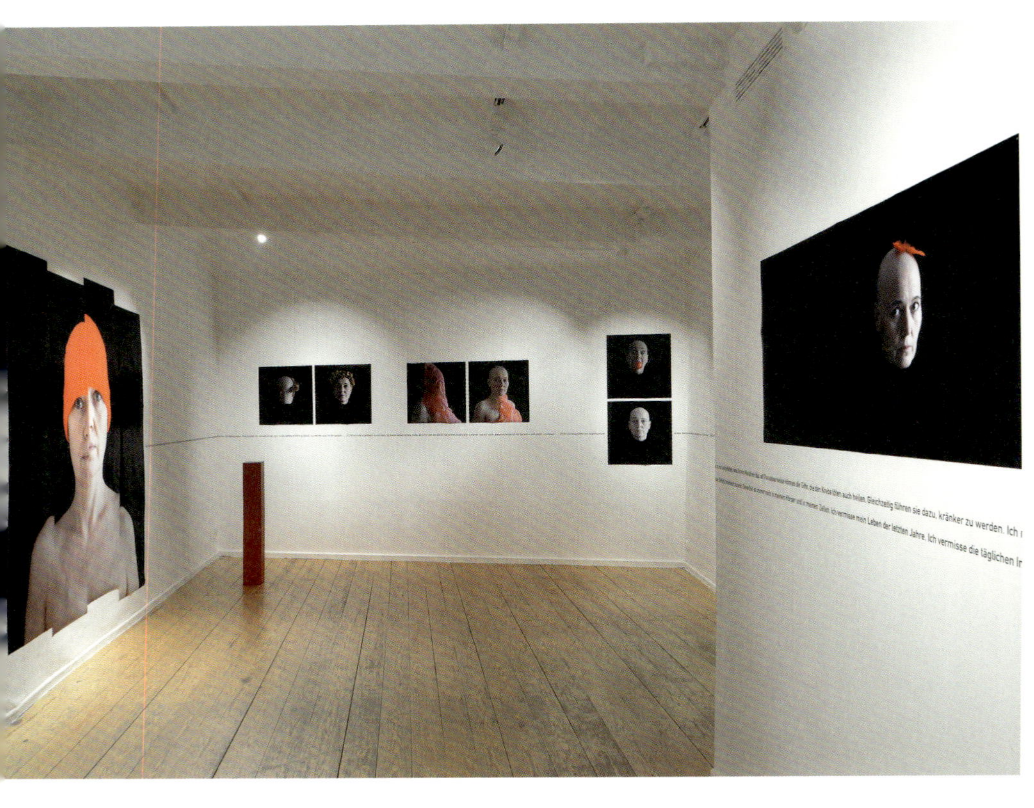

years that elapsed between them, are an uncanny parallel between the many processes that unfold leading to specific malignant anomalies, and the moment the conversation happened between the artist's 'two bodies', her healthy and ill self. An aesthetic reconciliation that can only happen through this artistic intuition and its own internal sense.

Throughout the artworks, the artist maintains a certain playfulness, almost innocent curiosity, that doesn't eclipse the gravity of the effects of cancer, but that simultaneously brings a certain lightness, a reversal, to an experience that can be heavy or frightening. The stark simplicity of some of the works belies the weight of the experience abstracted. The artist's gaunt lines capture this fragility but also the persistence of the body, our imagination of our bodies, in such moments of infirmity.

In confronting the experience of sickness and potential mortality, the book *Kopfüberleben*, does many things: it reflects on how illness transforms the body, muses on the different ways we perceive strength and vulnerability, charts an intimate history of a body and the body in general. But above all, it tries to open a space to have a conversation about illness, and the artist's adroitness, serene starkness, and even humour are nothing short of groundbreaking.

ISMAIL FAYED

ÜBER ZERBRECHLICHKEIT UND RESILIENZ: LEBEN UND KRANKHEIT ÜBERLEBEN

Krankheit setzt immer einen Zustand der Differenz voraus, eine gewisse Andersartigkeit, welche auf einen anderen Körper oder eine bestimmte Veränderung in diesem Körper hinweisen kann. Es ist schwer, Krankheit zu konzeptualisieren, ohne sofort ein Werturteil darüber zu fällen, was Gesundheit oder einen gesunden Körper ausmacht. Eine solche Konzeptualisierung kann einen streng wissenschaftlichen Ansatz verfolgen, bei dem winzige zelluläre Interaktionen und biomolekulare Prozesse untersucht werden. Jedoch war für die längste Zeit, wenn nicht gar für den Großteil der westlichen Geschichte, dies nicht die Art, wie wir über Krankheit und Gesundheit dachten.

In der Vormoderne wurde das Kranksein bzw. die Krankheit auf ein Ungleichgewicht an „Körpersäften" gemäß der Humoral-Theorie zurückgeführt, eine eher elementare Definition, die den Körper mit einer umfassenderen, weniger wissenschaftlichen Vorstellung von Natur in Verbindung bringt. Unsere Körper wurden als erweiterte Mikrokosmen der Naturelemente Feuer, Luft, Erde und Wasser begriffen, angefüllt mit Körperflüssigkeiten (Phlegma, Blut, weiße und schwarze Galle), die jeweils einem Zustand und einem Element entsprachen. Störungen in unserem Körper kamen dann auf, wenn ein Element ein anderes verdeckt oder überlagert. Das Bedürfnis, uns stets den uns umgebenden Elementen sowie denen, die sich in uns befinden,

anzupassen, und wie gut wir diese Elemente im Gleichgewicht halten konnten, entschied darüber, ob wir gesund oder krank waren.

Mit der modernen Medizin und der Entwicklung einer genaueren Pathologie von Krankheiten dank des Einsatzes von Mikroskopen kam eine spezifischere, vielleicht aber auch sinistere Definition von Krankheit auf. Krankheitserreger, insbesondere von Infektionskrankheiten, werden nun als potenzielle Feinde betrachtet. Und obwohl neuere und gründlichere Untersuchungen der menschlichen Interaktion mit der Umwelt, sowohl innerhalb als auch außerhalb unseres Körpers, eine weitaus komplexere Beziehung zu Milliarden anderer Organismen offenbaren, werden bei der Beschreibung von Krankheiten nach wie vor eher militaristische Metaphern wie Invasion, Auslöschung und Angriff beharrlich weiterverwendet.

Es ist dieses Paradigma des Denkens, dieser besondere Sprachgebrauch und die Art des Imaginären, die ihm entspringt, womit Yvonne Buchheims Arbeit uns so berührt, wenn sie versucht, die Erfahrung von Krankheit und die eines erkrankten Körpers zu erforschen. Mittels einer Vielfalt an Techniken, die die Zeit durch Verlangsamen oder Raffen manipulieren, zeigt Yvonne Möglichkeiten auf, unsere Körper als Orte extremer Zerbrechlichkeit und zugleich unglaublicher Widerständigkeit neu zu denken. Geleitet von einer gewissen Intuition, die akribisch und obsessiv ist, versucht Yvonne zu verstehen, was das Risiko, einen Körper zu haben, mit sich bringt. Solche Fragen stellen wir uns eigentlich nie, solange wir einen gesunden und vor äußeren und inneren Bedrohungen sicheren Körper haben. Körper werden immer dann zu einem „Problem“, wenn sie sich in einem Zustand der Andersartigkeit befinden.

Dieses Risiko, das plötzlich Teil des Lebens der Künstlerin wurde, führt unweigerlich zu einem Prozess des Sichhinterfragens. Fragen, die unserem Verstand manchmal zu offensichtlich, zu einfach oder zu abstrakt erscheinen können. In einer ihrer längsten Videoarbeiten *Are You Happy?* schreibt Yvonne mit einem Pinsel in starken Rottönen quer über ein einfaches weißes Blatt Papier eben diese Fragen auf. In einer fließenden Bewegung wird der Pinsel in Tusche eingetaucht und gleitet über die Oberfläche. Mit ihrer kontinuierlichen Kursivschrift wirkt es fast wie eine Zeremonie, ein Ritual der Selbstbetrachtung, das diesen Fragen eine Form und Gestalt verleiht, die wir ihnen selten zugestehen. Solche choreografischen Gesten, die viele ihrer Arbeiten charakterisieren, führen uns immer wieder zu Yvonnes Körper zurück. In der ständig wechselnden Kadenz zwischen Stop-Motion Film und bewusst langsamen Gesten bis hin zum Stillstand (wie beispielsweise in der Fotoserie *Shrinking*) manifestiert sich das sich stets ändernde Gewicht, das wir in unseren Körpern in verschiedenen Stadien von Krankheit und Gesundheit spüren.

Dieses Oszillieren zwischen Leichtigkeit und Schwere, zwischen einer fließenden und statischen Körperlichkeit, zwischen dem schieren Gewicht eines zu tragenden Körpers reflektiert eindringlich über Krankheit und Heilen als zwei Prozesse, die unsere Wahrnehmung von unserem Körper und damit von der Art, wie wir unsere Körper „tragen", verändern. Yvonne versucht, dieses Hin- und Herschwingen, diesen nicht-linearen Prozess, eine Krankheit zu überleben, zu reflektieren, ohne ihren eigenen Körper dabei außer Acht zu lassen. Die Frage, ob wir unseren Körper verstehen oder ihm vertrauen können, legt sich wie ein heimsuchender Schatten auf die Erfahrung von

einer Krankheit wie Krebs. Mit einem anormalen Zellwachstum, das auf eine Reihe an Faktoren zurückzuführen ist, von denen wir viele vielleicht nicht auf Anhieb verstehen, wird die Unzuverlässigkeit des Körpers deutlich, dass wir ihn nicht mehr für selbstverständlich nehmen können, da das, was normalerweise als selbstverständlich angesehen wird, plötzlich mutiert und sich in andere Lebensformen verwandelt, die für uns schädlich sein könnten.

Die Künstlerin etabliert viele Parallelen zwischen dieser Unzuverlässigkeit des Körpers und dem Gefühl des Zuhauseseins, oder eher: des Bei-sich-Zuhause-Seins. Es ist schwer vorstellbar, dass wir außerhalb unseres Körpers oder trotz des Körpers Zuhause sind. In diesem Gefühl der Zugehörigkeit, in diesem Vertrauen verbirgt sich eine Intuition, mit welcher Yvonne ihre Erfahrung aus Deutschland wegzuziehen, um sich erst in Irland, dann in Großbritannien und schliesslich in Ägypten niederzulassen, dann wieder nach Deutschland zurückzukehren und mit dieser Rückkehr die Erfahrung von Krebs zu überleben, hinterfragt.

Das intuitive Verstehen, wie ähnlich diese Enteignung der Erfahrung ist, ein „befallener" Körper zu sein oder ein Körper, der seine eigene Veränderung vorwegnimmt, ist auf schicksalhafte Weise in dem Stop-Motion Film *I Feel Like Home, It Feels Like Home* festgehalten, den Yvonne in Kairo vor ihrer Diagnose begann und nach ihrer Diagnose in Deutschland fertigstellte. Tausende an Aufnahmen und die Jahre, die zwischen ihnen vergangen sind, bilden eine unheimliche Parallele zwischen den vielen Prozessen, die sich als bösartige Anomalien entfalten, sowie dem Moment, an dem das Zwiegespräch zwischen den „beiden Körpern" der gesunden und erkrankten Künst-

lerin einsetzt. Eine ästhetische Versöhnung, die nur dank dieser Intuition und ihres eigenen inneren Sinnes geschehen kann.

In all ihren Arbeiten bewahrt sich die Künstlerin eine gewisse Verspieltheit, eine fast unschuldige Neugier, die jedoch nicht das Schwerwiegende der Auswirkungen von Krebs ausblendet, sondern gleichzeitig eine gewisse Leichtigkeit mit sich bringt, eine Umkehrung von Erfahrung, die schwer oder beängstigend sein kann. Die schlichte Einfachheit einiger ihrer Werke täuscht über das Gewicht der abstrahierten Erfahrung hinweg. Die mageren Linien der Künstlerin fangen nicht nur das Zerbrechliche ein, sondern auch die Beharrlichkeit eines Körpers, eben jene Vorstellungskraft unserer Körper in solchen Momenten der Gebrechlichkeit.

In der Auseinandersetzung mit der Erfahrung von Kranksein und potenzieller Sterblichkeit macht das Buch *Kopfüberleben* vieles: Es reflektiert über die Fähigkeit einer Krankheit, den Körper zu ändern, denkt über die verschiedenen Arten, wie wir Stärke und Verletzlichkeit wahrnehmen, nach; es zeichnet die intime Geschichte eines Körpers sowie von Körpern im Allgemeinen auf. Aber vor allen Dingen versucht das Buch eines: Einen Raum für Gespräche über Krankheit zu schaffen – was der Künstlerin Yvonne Buchheim auf bahnbrechende Weise, mit Gewandtheit, ruhiger Strenge und sogar Humor gelingt.

Video
45 min

ARE YOU HAPPY?

All questions are taken from a questionnaire Yvonne Buchheim received in hospital before, during and after treatment. In the video, each question is written down whilst a visual answer is erased on the other side. The artwork is an invitation to reflect on one's own sense of well-being.

SIND SIE GLÜCKLICH?

Alle Fragen sind einem Fragebogen entnommen, der vor, während und nach der Behandlung von Yvonne Buchheim im Krankenhaus ausgefüllt wurde. In dem Video wird jede Frage aufgeschrieben, während eine visuelle Antwort verschwindet. Das Kunstwerk ist eine Einladung, über das eigene Wohlbefinden nachzudenken.

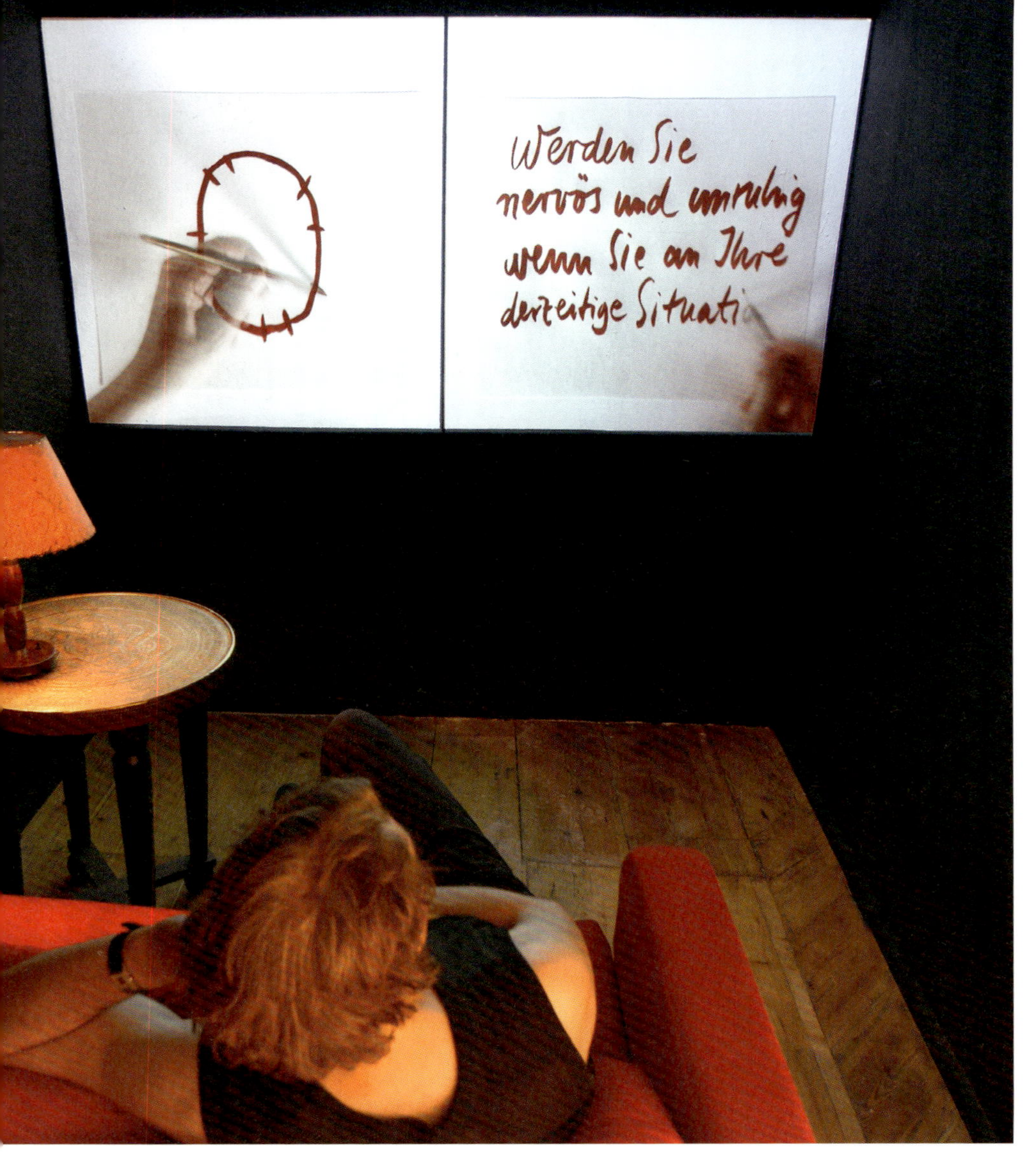
Werden Sie
nervös und unruhig
wenn Sie an Ihre
derzeitige Situati

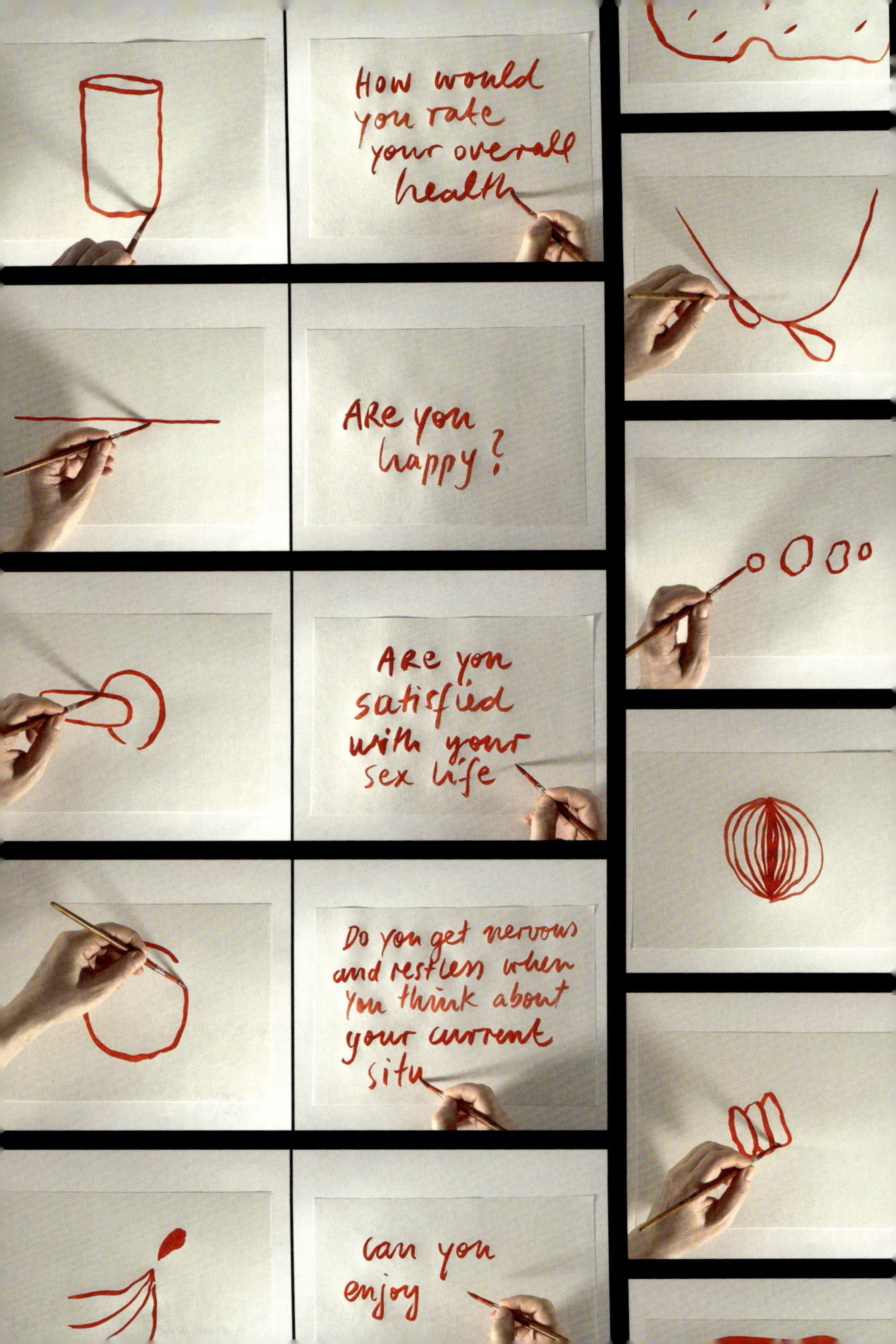
How would
you rate
your overall
health
Are you
happy?
Are you
satisfied
with your
sex life
Do you get nervous
and restless when
you think about
your current
situ
can you
enjoy

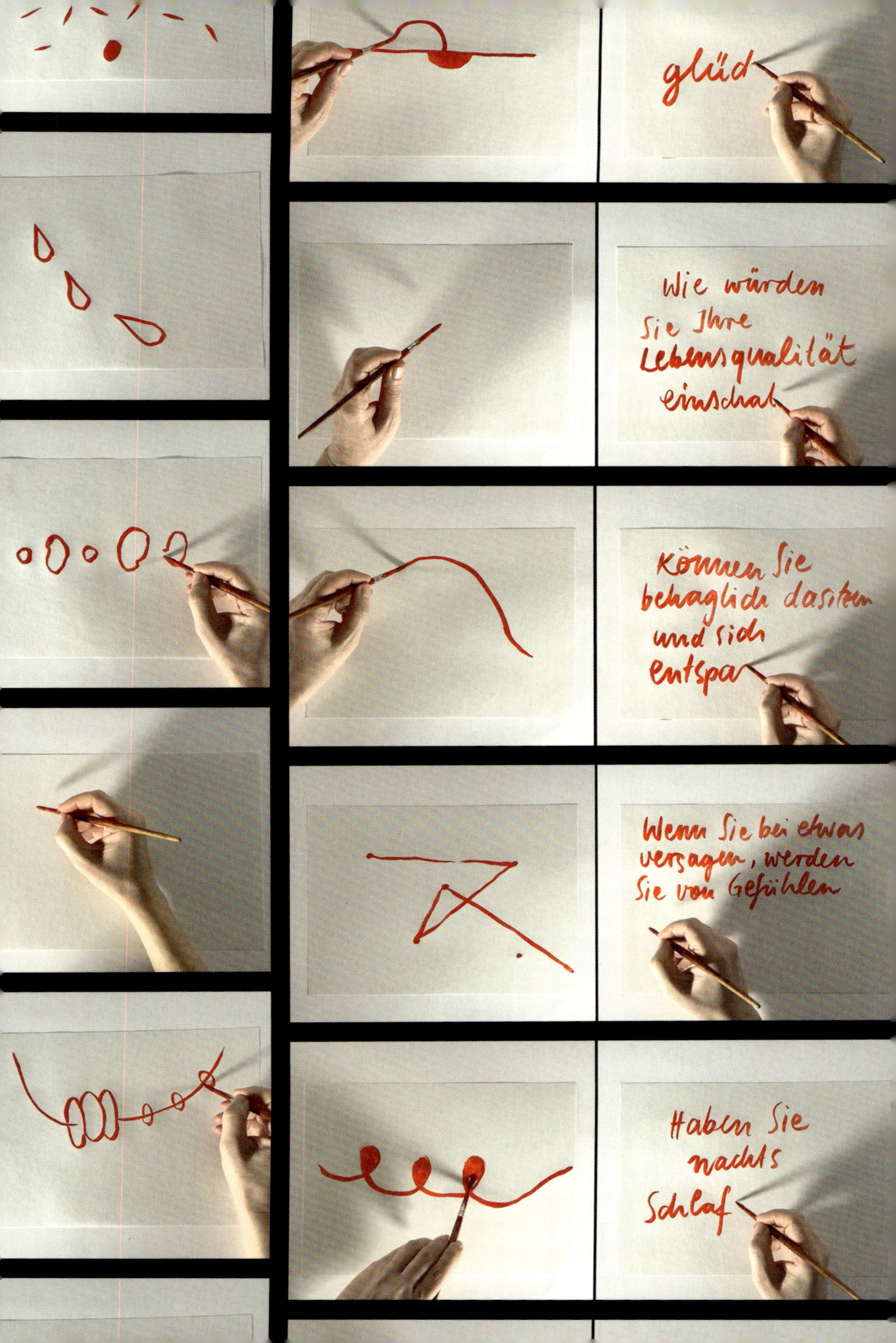
glück
Wie würden
Sie Ihre
Lebensqualität
einschät
Können Sie
behaglich dasitzen
und sich
entspa
Wenn Sie bei etwas
versagen, werden
Sie von Gefühlen
Haben Sie
nachts
Schlaf

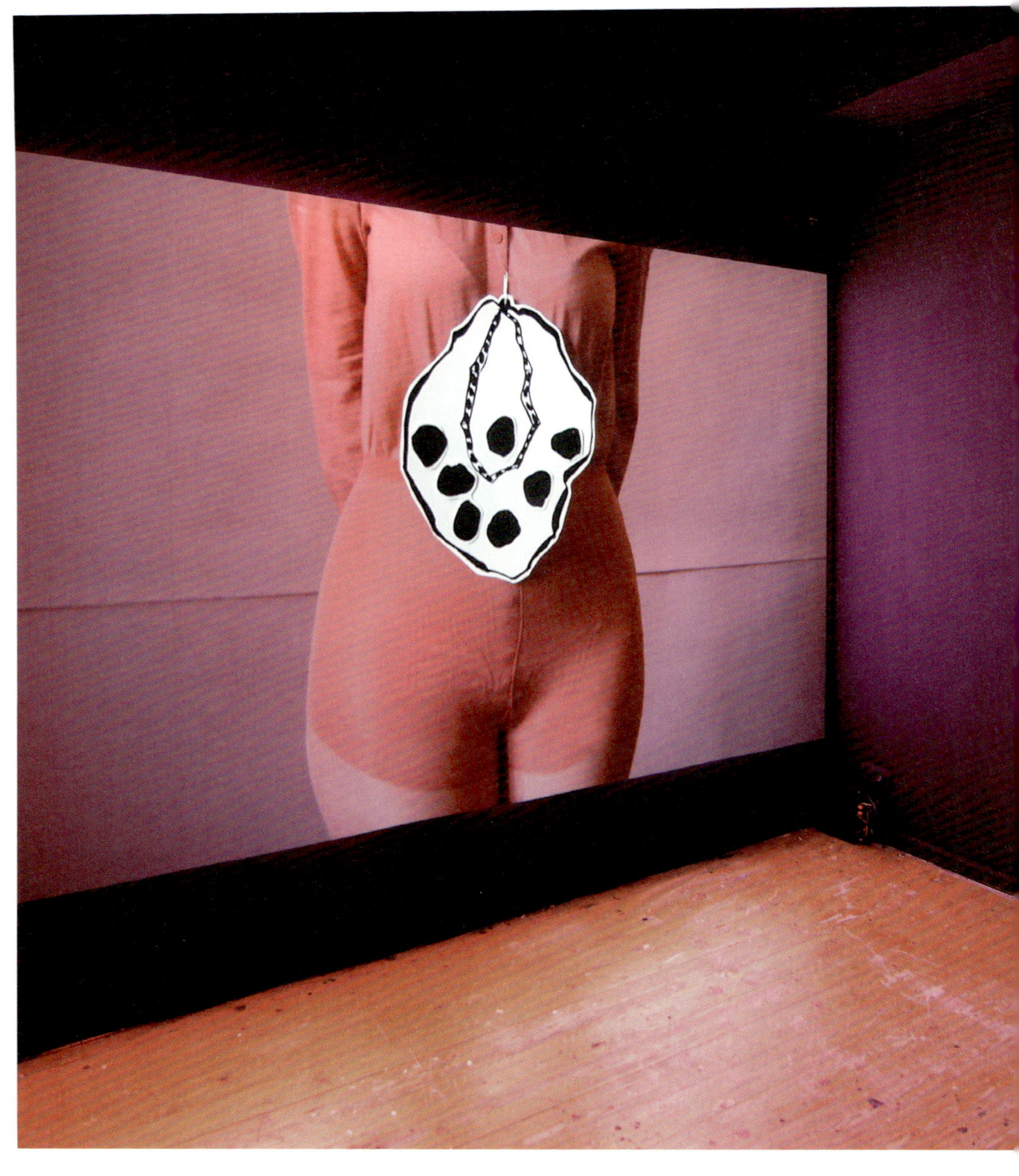

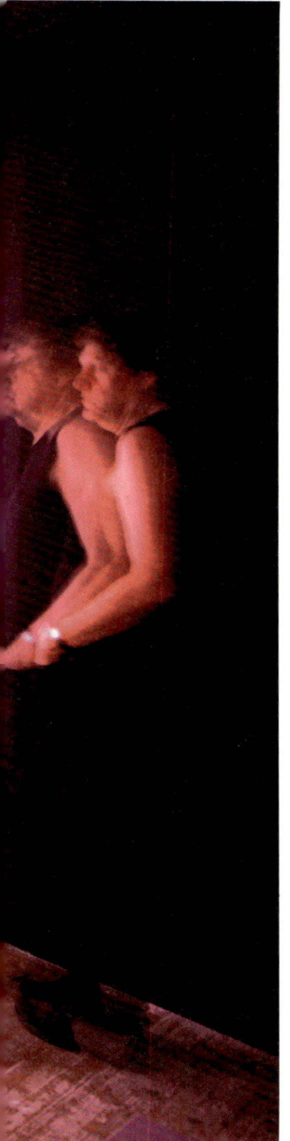

Stop-Motion Film
13 min

STILL AND ALL

How would you live life if you lived it in the present? What emerges as a personal account of loss and grief transforms into a search for how to live with death if we cannot live without it.

UND DENNOCH

Wie würde Ihr Leben aussehen, wenn Sie es in der Gegenwart leben? Was als persönliche Denkschrift über Verlust und Trauer entsteht, verwandelt sich in eine Suche danach, wie wir mit dem Tod leben können, da wir nicht ohne ihn existieren.

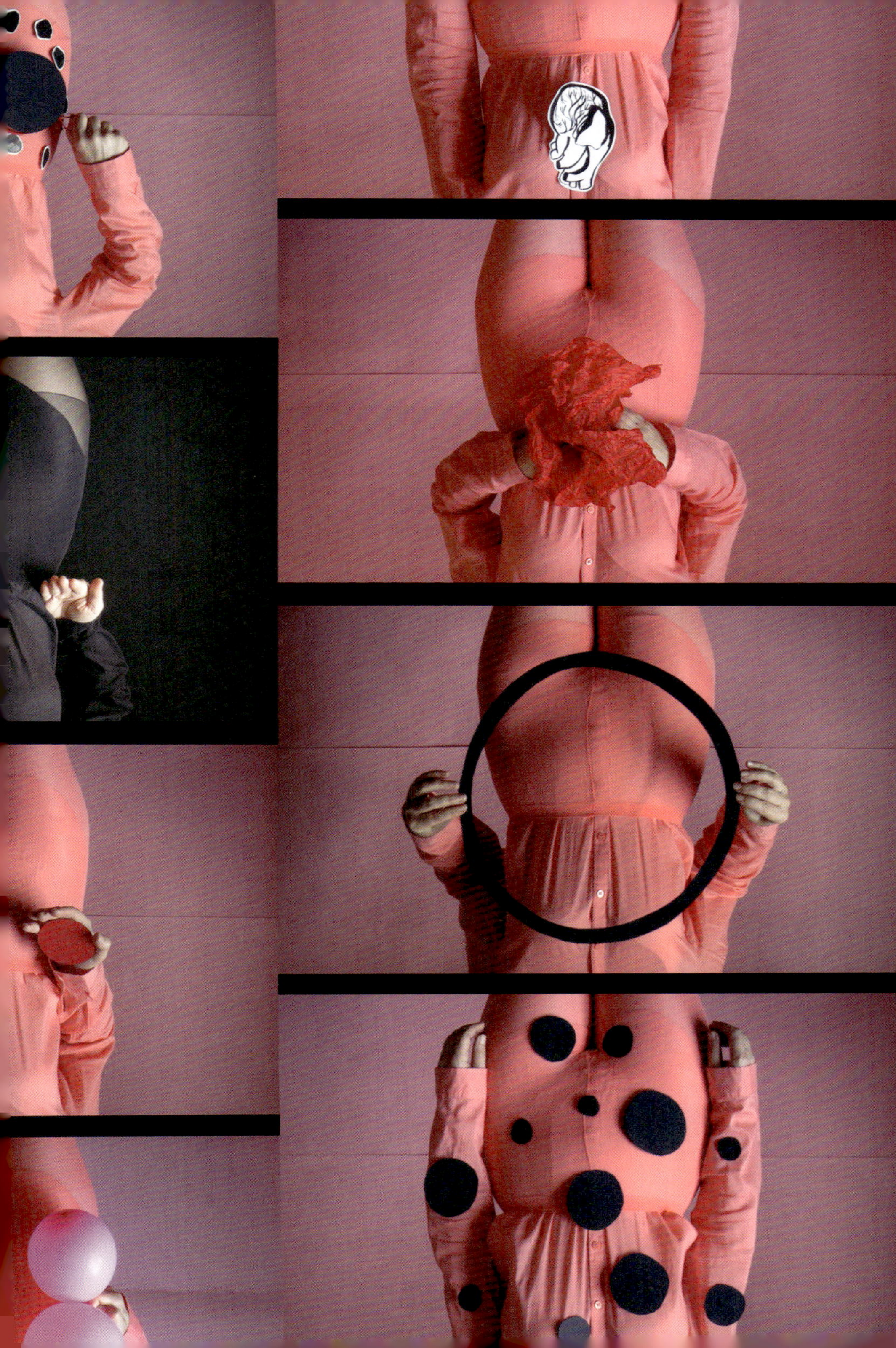

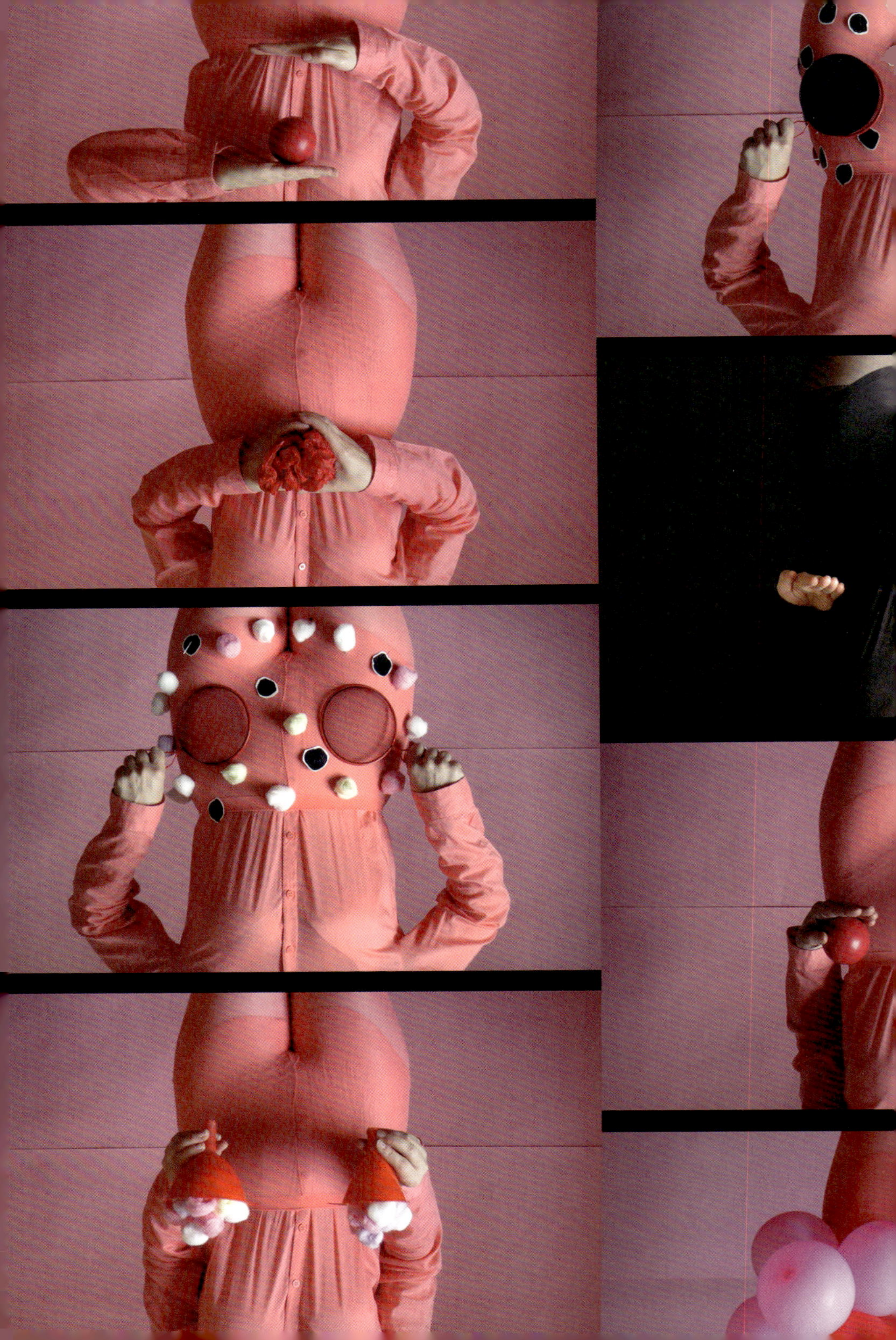

Stop-Motion Film
16 min

I FEEL LIKE HOME, IT FEELS LIKE HOME

This film script draws upon Drew Leder's concept of *The Absent Body,* which proposes that the body remains unnoticed when healthy and is only perceived as present when in pain or malfunctioning. The photographs in the film visualise this idea as they were made before and after a cancer diagnosis. These two states of presence and absence in the body come together in search of home.

Dear Absent Body,

I reach out to you in search of home. Alienated by my own heart, my present body has become inhabitable. Your exposure, dating from a time of absence, provides me with the anatomy to build a shelter. The shift between absence and presence happens in such a ma, ma, manner, you hardly notice.

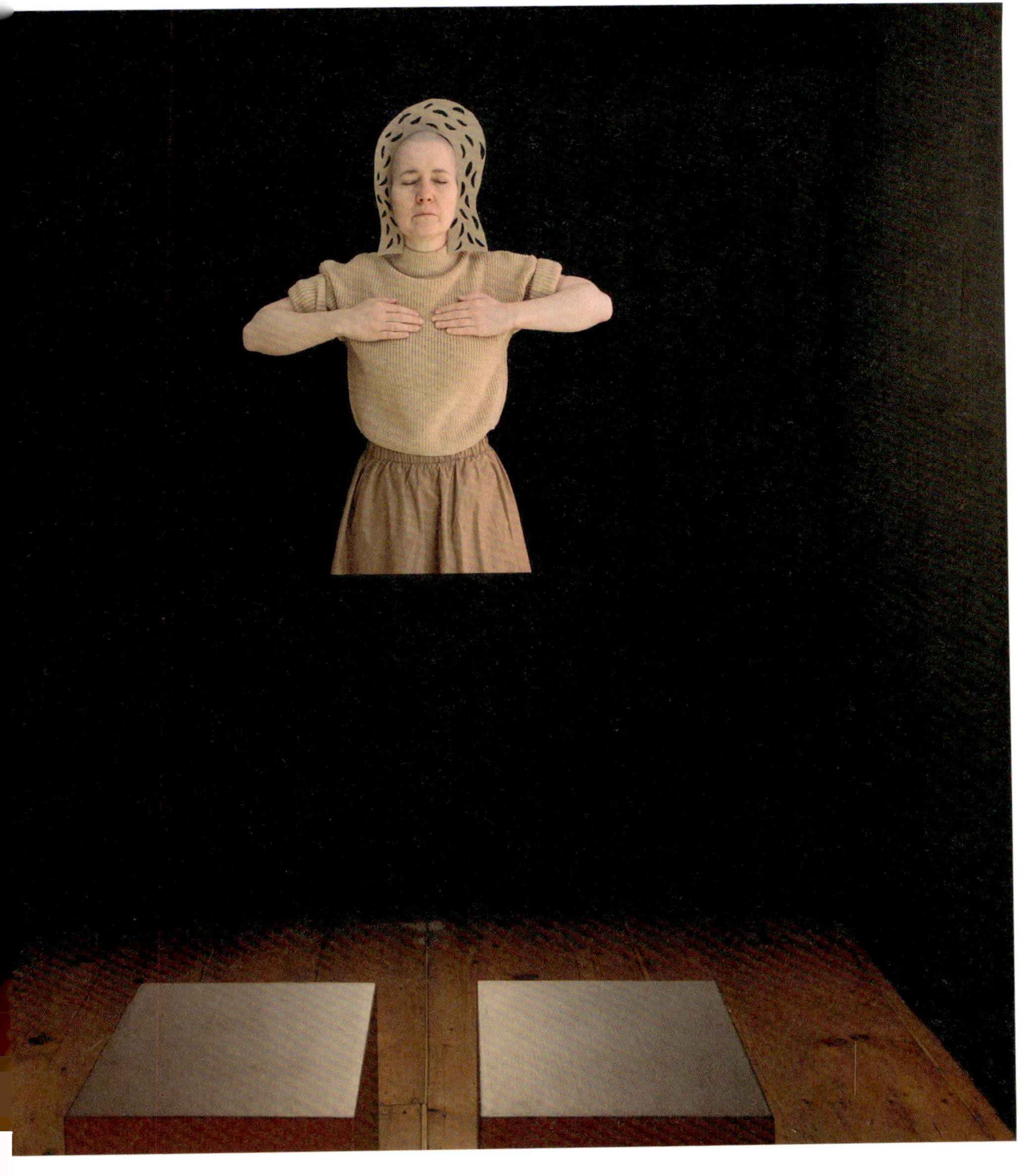

One day, there is a sizeable lump of sorrow – ripened, metamorphosed, mutated, a terrifying substance. You leave your place with a newly issued passport from the kingdom of the sick[1] *and arrive back in an estranged home. The in-in-in-incision shows the paradox of feeling healthy and knowing of deadly illness.*

The body is real but what we think about it is fiction.[2] *Confronted by the evidence of aggressively dividing cells cells cells cells cells, presence replaces absence. From solely living, seeing, hearing, touching, and sensing, you transform into a body that sees, hears, touches, and senses itself. I witness myself changing, and the act of observation changes me. You transform into me.*

You said 'I can' and I asked 'can I'? The you within me remembers being able. Will you remember me, unable? Will you remember how no no no nothing makes sense? When absence becomes presence, even words lose their meaning: can sir, can sir, can sir, ans-wer, ans-wer, constellations.

Within, within – cut – two at the centre – make two one side – all liquid – infused.[3] *I become my own breasted experience: the look and feeling*[4] *under threat of looming removal. My flesh, examined, poked, squeezed, cut, opened, radiated, examined, examined, examined.*

How long does it take to overspill? Pour down and suck up, speed back and fast forward on the timeline of transformation. How do you belong when whiteness is red red red and redness turns into grey tears. In sight of my own mortality, I learn which questions are unanswerable, and how to not answer them, a skill most needful in times of stress and darkness.[5]

In the city of bad breath you need the longer breath. Breath in واحد, إثنان, ثلاثة, أربعة, خمسة *(one, two, three, four, five). Hot desert wind sweeps. Sweep in the leaves on a windy day. 'I feel like home, it feels like home', you repeat with every one-sided breath. Eventually, ears have grown and you feel home inside your body. In the silences between my words, the tissues speak.*[6]

Between your absent and my present body, we speak in a language that is ahhh. I ahhh your gestures, and your answers ahhh in the richness of the body. Organs ahhh in and out. Lost in-between, we ahhh in a state of knowing and not knowing. The cacophony of internal and external sounds ahhh into vibrations of the soul.

Listening to the concert master of my pain, a realisation drips straight into my heart vein. The unruly

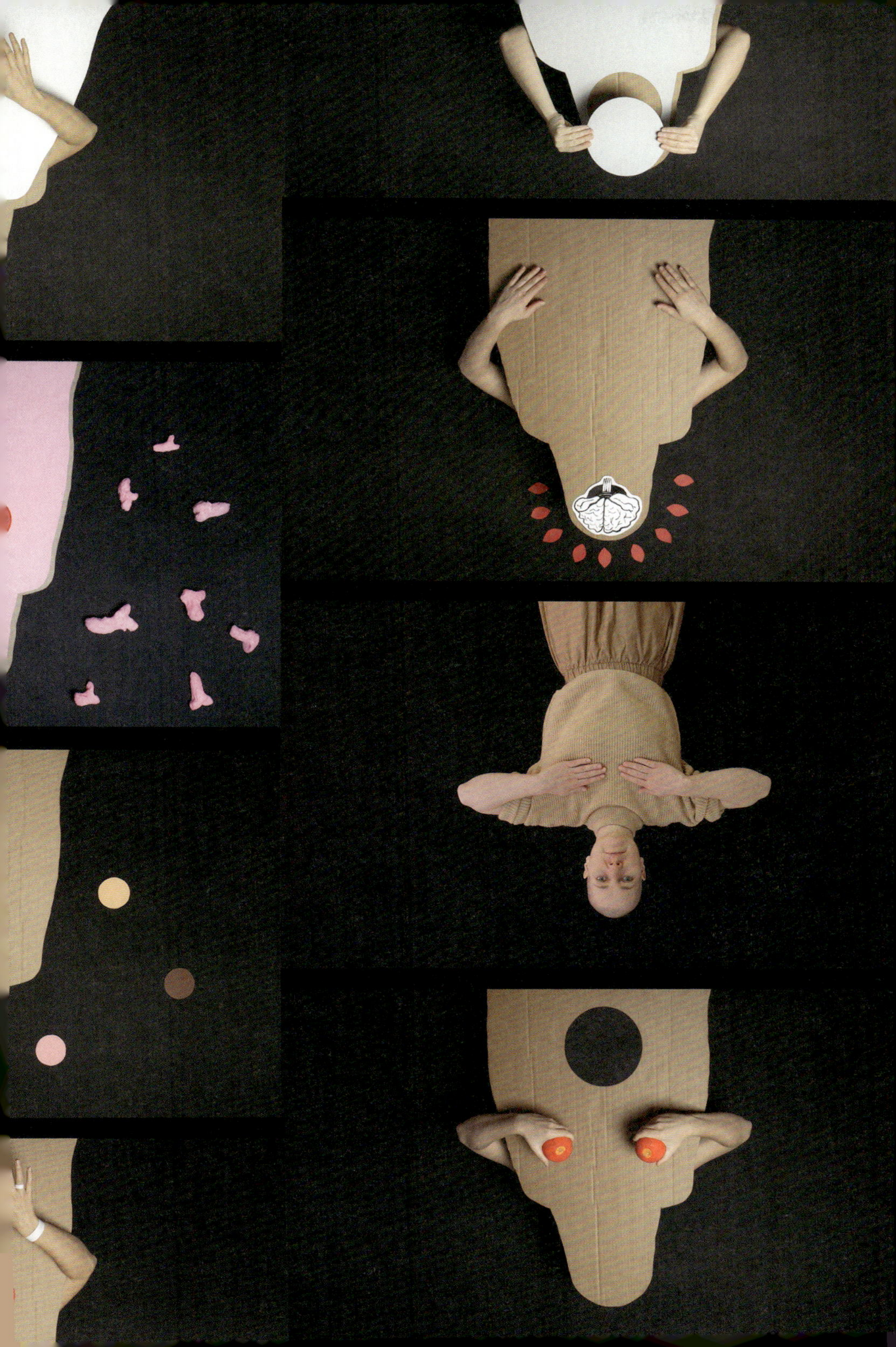

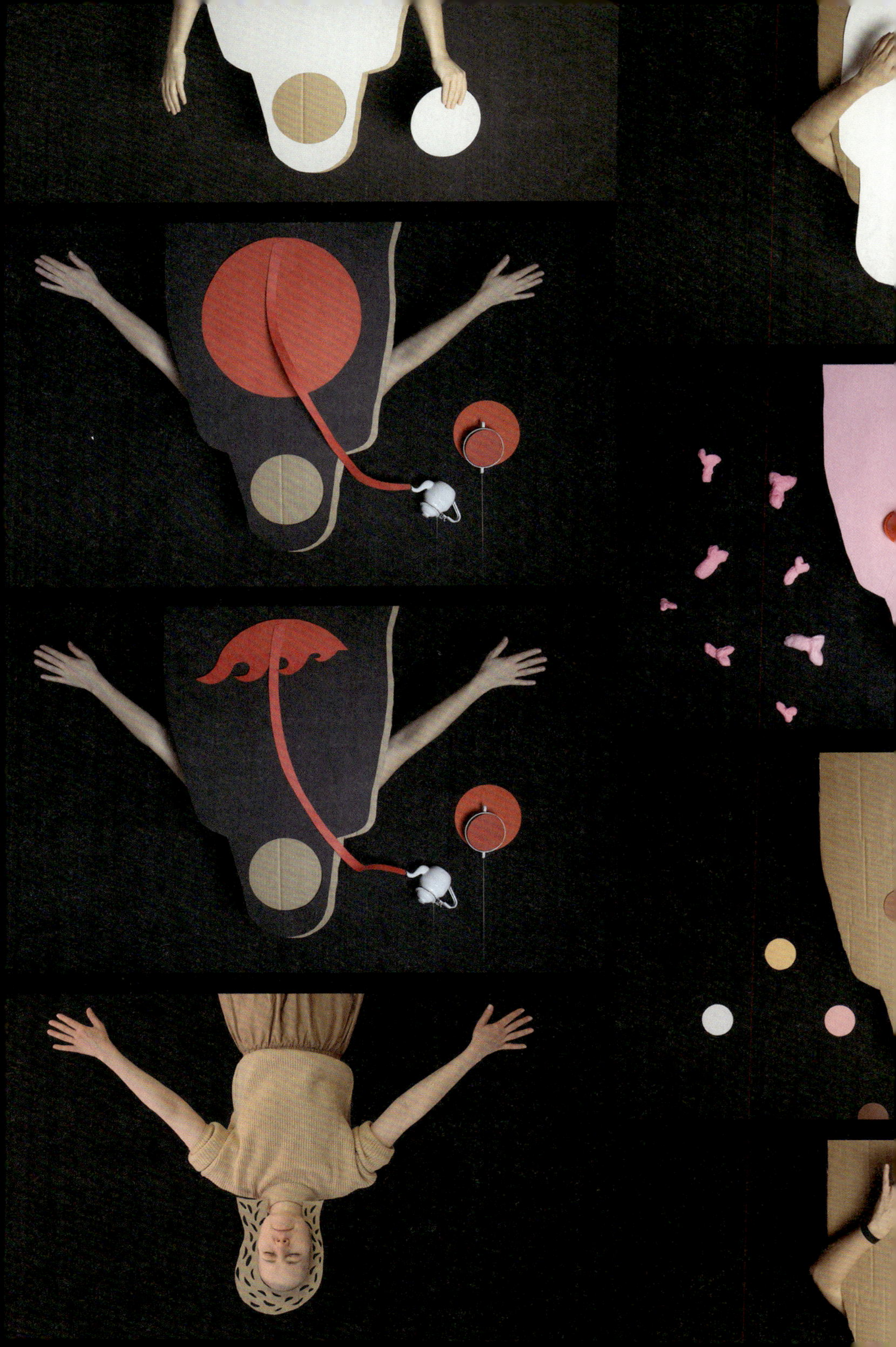

mass came from inside of me. Selfish cells are driven by a desire to destroy. Instead of anger, I forgive. Instead of fighting, we connect in the act of it disappearing.

Bound together in a language of no speech, we use rituals as our temporal homing devices.[7] *With never a word exchanged, we grew to be as one.*[8]

home – I feel like home, it feels like home.
home – I feel like home, it feels like home.
home – I feel like home, it feels like …

NOTES

1. 'Passport from the kingdom of the sick.'

SUSAN SONTAG, *Illness as Metaphor* (1978).

2. 'The body is real but what we think about it is fiction.'

ALINA POPA, *Square of Will in Square of Love* (2019).

3. 'Within, within ... make two one side.'

GERTRUDE STEIN, *Tender Buttons* (1914).

4. 'Breasted Experience: The Look and the Feeling.'

IRIS MARION YOUNG (1992).

5. 'To learn which questions are unanswerable, and not to answer them: this skill is most needful in times of stress and darkness.'

URSULA K. LE GUIN, *The Left Hand of Darkness* (1969).

6. 'In the silences between words, the tissues speak.'

ARTHUR W. FRANK, *The Wounded Storyteller* (1995).

7. 'Homing devices.'

SARA AHMED, *Queer Phenomenology* (2006).

8. 'With never a word exchanged we grew to be as one.'

SAMUEL BECKETT, *Ohio Impromptu* (1980).

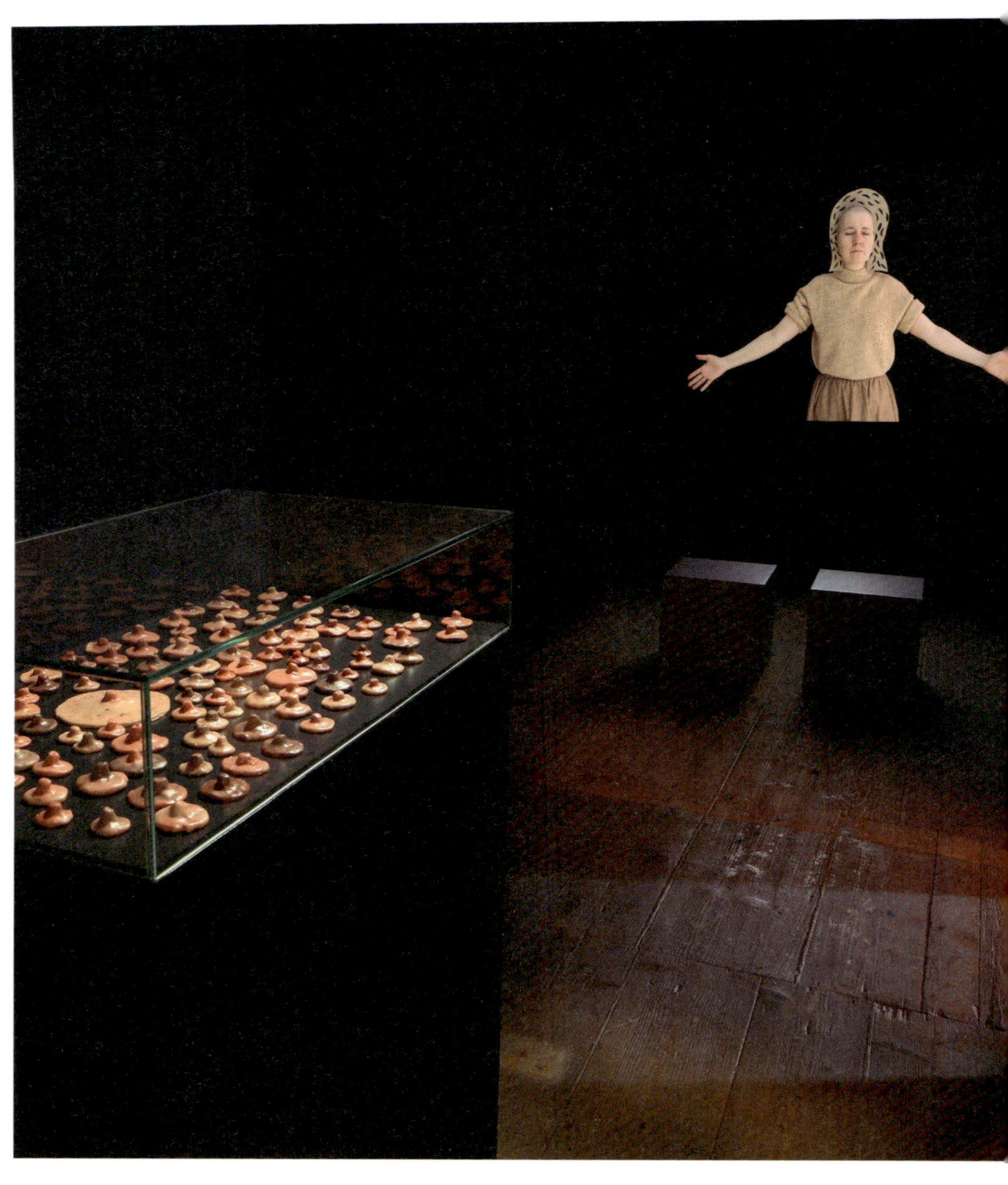

Stop-Motion Film
16 min

ICH FÜHLE MICH WIE ZUHAUSE, ES FÜHLT SICH AN WIE ZUHAUSE

Das Drehbuch bezieht sich auf Drew Leders Konzept des *Abwesenden Körpers*, wonach der Körper unbemerkt bleibt, solange er gesund ist, und seine Anwesenheit erst dann wahrgenommen wird, wenn er schmerzt oder versagt. Die Fotografien im Film veranschaulichen diese Idee, sie sind vor und nach einer Krebsdiagnose entstanden. Diese beiden Zustände, die An- und Abwesenheit des Körpers, kommen bei der Suche nach einem Zuhause zusammen.

Mein abwesender Körper,

ich wende mich an dich auf der Suche nach einem Zuhause. Nach der Entfremdung von meinem eigenen Herzen ist mein jetziger Körper unbewohnbar geworden. Deine Bloßstellung, die aus einer Zeit der Abwesenheit stammt, bietet mir die Hülle zum Erbauen eines Obdachs. Die Verschiebung zwischen Abwesenheit und Anwesenheit geschieht auf eine solche Wei, Wei, Weise, die du kaum bemerkst.

Eines Tages gibt es da einen ansehnlichen Knoten des Leids – gereift, umgeformt, mutiert, eine in Panik versetzte Substanz. Du verlässt deinen Ort mit einem neu ausgestellten Pass des Königreichs der Kranken[1] *und kommst zurück in ein entfremdetes Zuhause. Der Ein-Ein-Ein-Einschnitt zeigt das Paradox, sich gesund zu fühlen und von einer tödlichen Krankheit zu wissen.*

Der Körper ist real, aber was wir über ihn denken, ist Fiktion.[2] *Konfrontiert mit den Beweisen der sich aggressiv teilenden Zellen Zellen Zellen Zellen Zellen ersetzt Anwesenheit die Abwesenheit. Vom alleinigen Leben, Sehen, Hören, Berühren und Fühlen verwandelst du dich in einen Körper, der sieht, hört, berührt und sich spürt. Ich beobachte, wie ich mich verändere, und der Akt der Beobachtung verändert mich. Du verwandelst dich in mich.*

Du sagtest „Ich kann" und ich fragte „kann ich"? Das Du in mir erinnert sich daran, fähig zu sein. Wirst du dich an mich erinnern, unfähig? Wirst du dich daran erinnern, wie ni ni ni nichts einen Sinn ergibt? Wenn Abwesenheit zu Anwesenheit wird, verlieren selbst Worte ihre Bedeutung: Kräh ps, Kräh ps, Kräh ps, Ant-wort, Ant-wort, Konstellationen.

Innerhalb, innerhalb – Schnitt – zwei in der Mitte – machen zwei auf einer Seite – alles flüssig – infundiert.[3] *Ich werde zu meiner eigenen Brusterfahrung: der Blick und das Gefühl*[4] *unter der Drohung der sich anbahnenden Entfernung. Mein Fleisch, untersucht, gestochen, gequetscht, geschnitten, geöffnet, bestrahlt, untersucht, untersucht, untersucht.*

Wie lange dauert es, bis es überläuft? Runtergießen und aufsaugen, zurückspulen und vorspulen auf der Zeitachse der Transformation. Wie gehörst du dazu, wenn das Weiße rot rot rot ist und die Röte zu grauen Tränen wird. Im Anblick meiner eigenen Sterblichkeit lerne ich, welche Fragen unbeantwortbar sind, und wie man sie nicht beantwortet, eine Fähigkeit, die am meisten gebraucht wird in Zeiten von Dunkelheit und Stress.[5]

In der Stadt des schlechten Atems brauchst du den längeren Atem. Atme ein: واحد, إثنان, ثلاثة, أربعة, خمسة *(eins, zwei, drei, vier, fünf). Heißer Wüstenwind fegt. Fege Laub an einem windigen Tag. „Ich fühle mich wie zuhause, es fühlt sich an wie zuhause", wiederholst du mit jedem einseitigen Atemzug. Irgendwann sind Ohren gewachsen und du fühlst dich in deinem Körper zuhause. In den Stillephasen zwischen meinen Worten sprechen die Gewebe.*[6]

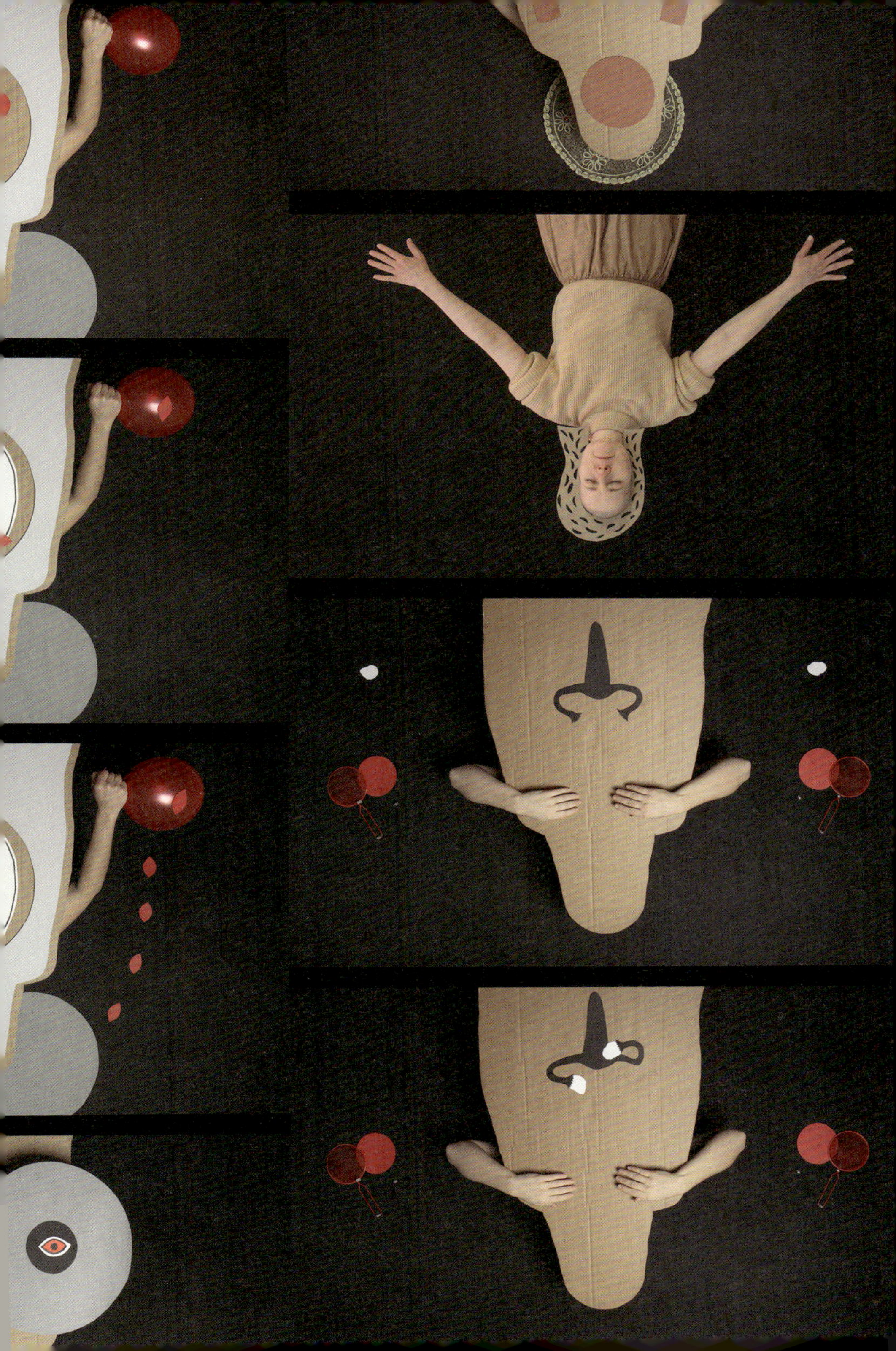

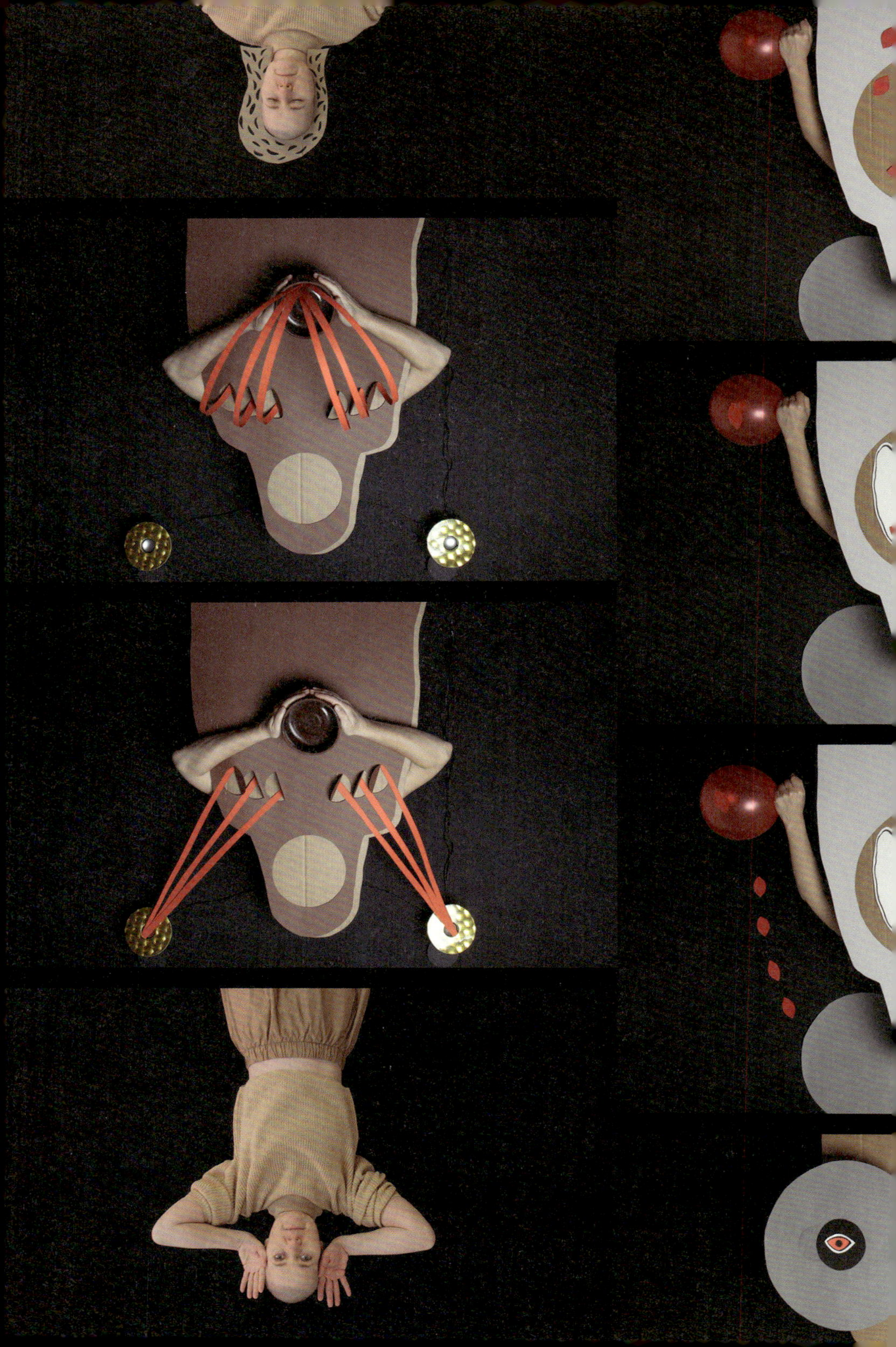

Zwischen deinem abwesenden und meinem gegenwärtigen Körper sprechen wir in einer Sprache, die ahh ist. Ich ahhh deine Gesten, und deine Antworten ahhh im Reichtum des Körpers. Organe ahhh nach innen und außen. Wir sind dazwischen gefangen und ahhh in einem Zustand des Wissens und Nichtwissens. Die Kakophonie innerer und äußerer Geräusche ahhh zu Vibrationen der Seele.

Als ich dem Konzertmeister meines Schmerzes lausche, tropft eine Erkenntnis direkt in meine Herzvene. Die widerspenstige Masse kam aus meinem Inneren. Egoistische Zellen werden von einem Zerstörungswunsch angetrieben. Anstatt wütend zu werden, vergebe ich. Anstatt zu kämpfen, verbinden wir uns im Akt des Verschwindens.

Verbunden in einer stummen Sprache, benutzen wir Rituale als unsere zeitlichen Orientierungshilfen.[7] *Ohne jemals ein Wort zu wechseln, sind wir eins geworden.*[8]

Zuhause – Ich fühle mich wie zuhause,
es fühlt sich an wie zuhause.
Zuhause – Ich fühle mich wie zuhause,
es fühlt sich an wie zuhause.
Zuhause – Ich fühle mich wie zuhause,
es fühlt sich an wie ...

ANMERKUNGEN

1. „Pass des Königreichs der Kranken"

SUSAN SONTAG, *Illness as Metaphor* (1978)

2. „Der Körper ist real, aber was wir über ihn denken, ist Fiktion."

ALINA POPA, *Square of Will in Square of Love* (2019)

3. „Innerhalb, innerhalb ... machen zwei auf einer Seite."

GERTRUDE STEIN, *Tender Buttons* (1914)

4. „Brusterfahrung: Der Blick und das Gefühl."

IRIS MARION YOUNG, *Breasted experience: The Look and the Feeling* (1992)

5. „Zu lernen, welche Fragen unbeantwortbar sind ...

in Zeiten von Stress und Dunkelheit."

URSULA K. LE GUIN, *The Left Hand of Darkness* (1969)

6. „In den Stillephasen zwischen meinen Worten sprechen die Gewebe."

ARTHUR FRANK, *The Wounded Storyteller* (1995)

7. „Orientierungshilfen"

SARA AHMED, *Queer phenomenology* (2006)

8. „Ohne jemals ein Wort zu wechseln, sind wir eins geworden."

SAMUEL BECKETT, *Ohio Impromptu* (1980)

INDEX

WHAT DOES YOUR
BODY KNOW
WAS WEISS DEIN KÖRPER
Photograph
7 of 7
2019

WHAT DOES YOUR
BODY KNOW
WAS WEISS DEIN KÖRPER
Photograph
2 of 7
2019

WHAT DOES YOUR
BODY KNOW
WAS WEISS DEIN KÖRPER
Photograph
3 of 7
2019

WHAT DOES YOUR
BODY KNOW
WAS WEISS DEIN KÖRPER
Photograph
4 of 7
2019

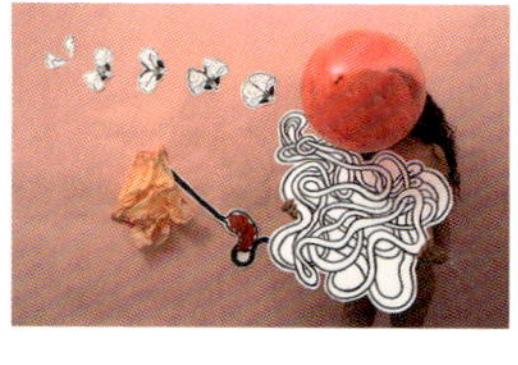
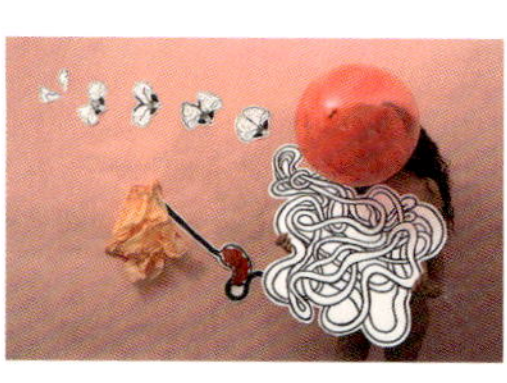
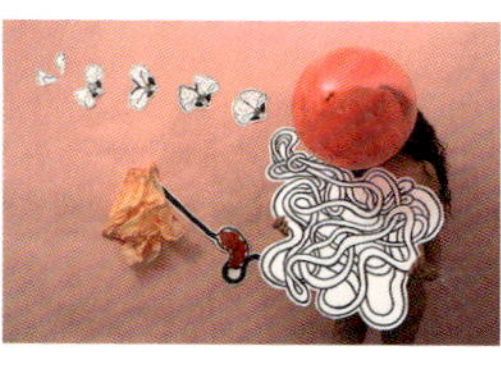

WHAT DOES YOUR
BODY KNOW
WAS WEISS DEIN KÖRPER
Photograph
1 of 7
2019

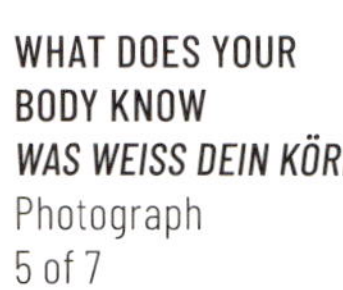
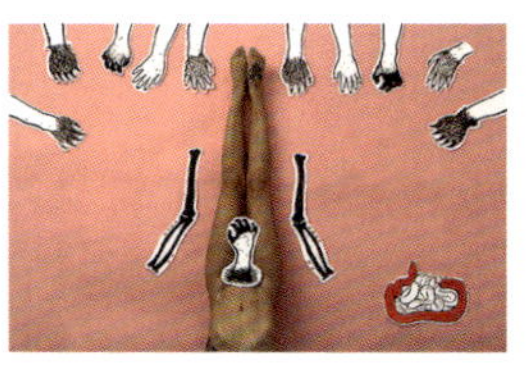
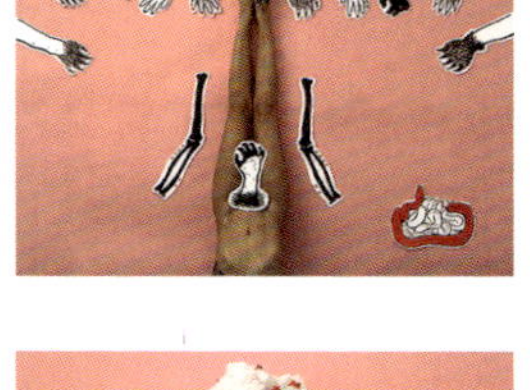

WHAT DOES YOUR
BODY KNOW
WAS WEISS DEIN KÖRPER
Photograph
5 of 7
2019

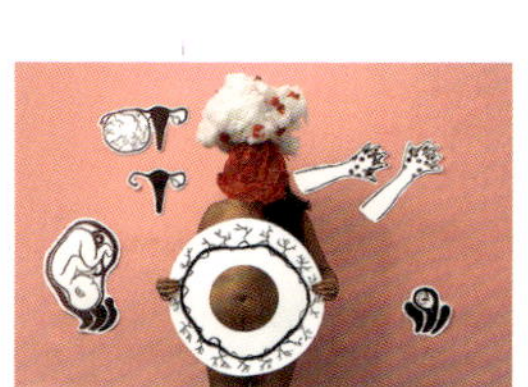

WHAT DOES YOUR
BODY KNOW
WAS WEISS DEIN KÖRPER
Photograph
6 of 7
2019

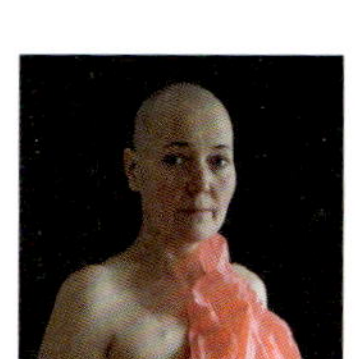

SPARK OF LIFE
LEBENSFUNKE
Photographic series
2019-2021

LIFE-GIVER,
LIFE-TAKER
LEBENSSPENDERIN,
LEBENSNEHMERIN
Drawing
29.5 x 40 cm, 2018

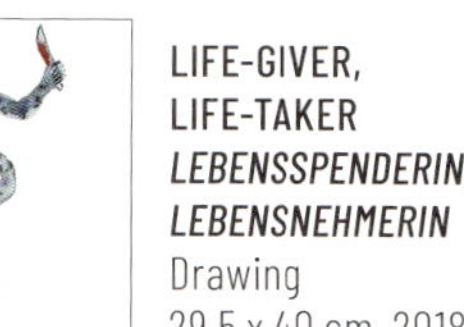
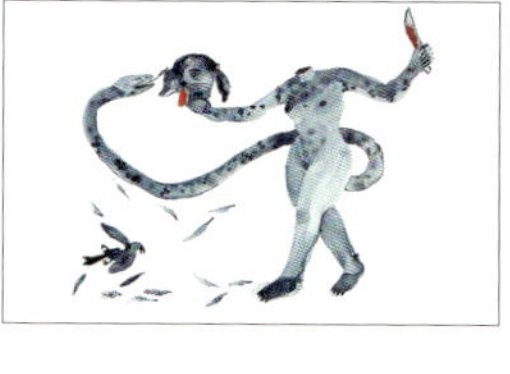

LIFE-GIVER,
LIFE-TAKER
LEBENSSPENDERIN,
LEBENSNEHMERIN
Drawing
29.5 x 40 cm, 2018

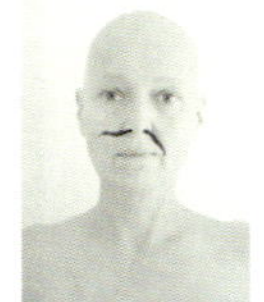

EYEBROWSER
Drawing on photograph
1 of 4
41 x 29 cm
2020

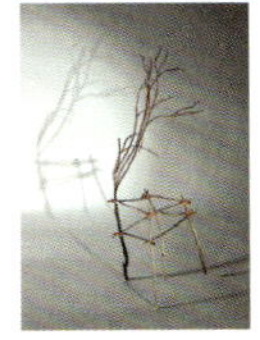

BALANCING THE PSYCHE
GLEICHGEWICHT
DER PSYCHE
Sculpture, 1 of 15
Various sizes
2019-2021

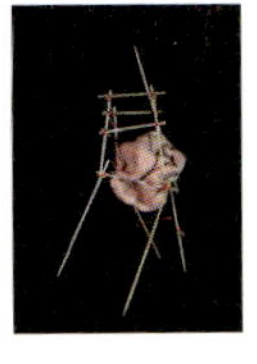

SHRINKING
SCHRUMPFUNG
Photograph
1 of 15
2020

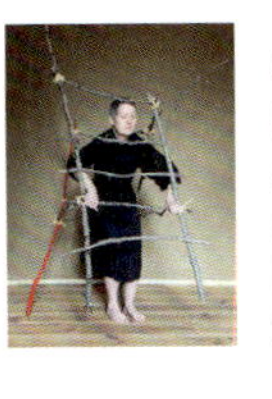

ALL A QUESTION OF
CONTEXT
ALLES EINE FRAGE
DER RELATION
Photograph
2020

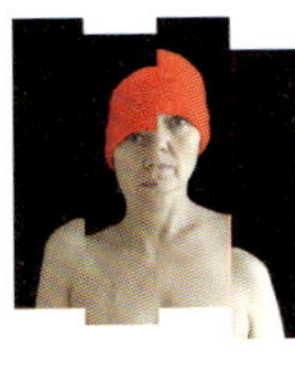

SPARK OF LIFE
LEBENSFUNKE
Photographic series
2019-2021

The photographs of the artwork were taken by Yvonne Buchheim, with the following exceptions: Claus Bach, pages 4, 22, 59, 67, 70, 75, 82.
Die Fotos der Werke wurden von Yvonne Buchheim aufgenommen, mit folgenden Ausnahmen: Claus Bach, Seiten 4, 22, 59, 67, 70, 75, 82.

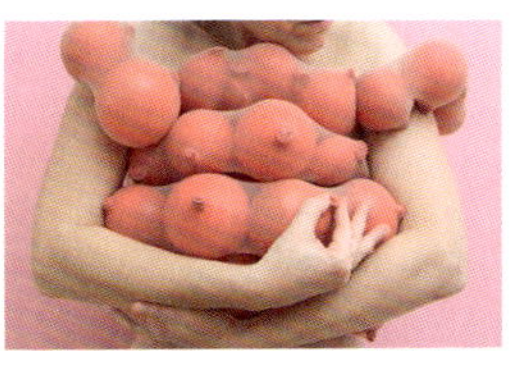

IN A DREAM
IN EINEM TRAUM
Photograph
2021

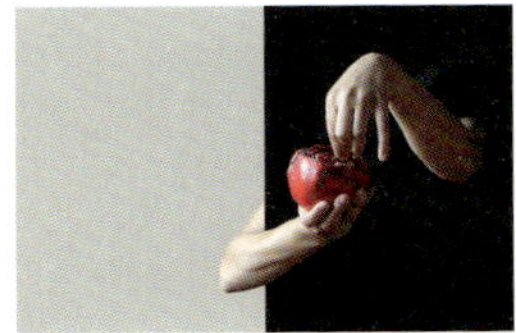

WHO IS THE ONE IN MY EAR
LISTENING TO MY VOICE
WER IST DIEJENIGE IN MEINEM OHR
MEINE STIMME HÖREND
Photographic series
2018-2021

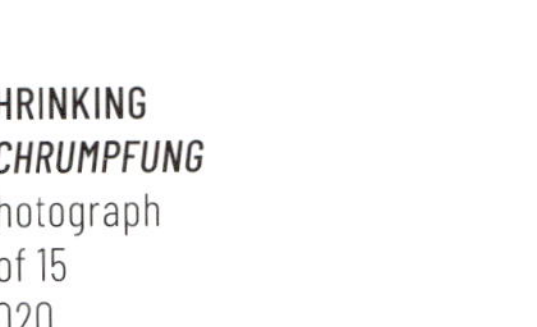

WHO IS THE ONE IN MY EAR
LISTENING TO MY VOICE
WER IST DIEJENIGE IN MEINEM OHR
MEINE STIMME HÖREND
Photographic series
2018-2021

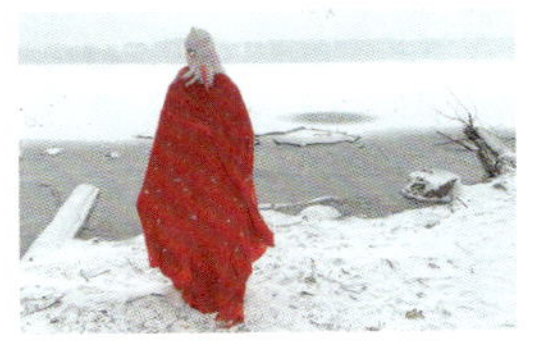

DO NOT FEAR
FÜRCHTE DICH NICHT
Photograph
2021

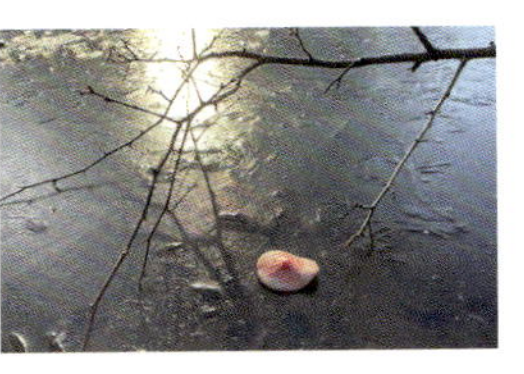

LOST
VERLOREN
Photograph
2019

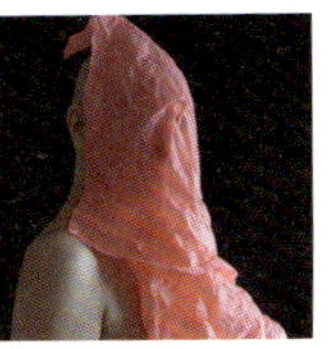

SPARK OF LIFE
LEBENSFUNKE
Photographic series
2019-2021

ABOUT THE ARTIST

Yvonne Buchheim is an interdisciplinary artist who often uses drawing, photography and writing in her animated stop-motion films. Her practice explores personal life experiences of loss, identity, and belonging as these intimate themes aim to connect with wider social concerns.

Yvonne Buchheim was born in Weimar in 1972, spent twenty years living abroad and in 2019 returned to Germany because of a cancer diagnosis. The artwork from her time of healing reveals a visceral testimony on fragility and resilience.

An integral part of her practice is art education; she has taught at universities and been involved in independent projects in different cultures and contexts. She held a permanent position as Senior Lecturer at the University of the West of England for ten years before moving to Cairo in 2012. With a keen interest in radical pedagogy, she led the arts and culture programme at the Cairo Institute of Liberal Arts and Sciences and co-curated Spring Sessions, an education-based art residency in Amman, Jordan.

Yvonne Buchheim's artworks have been presented in numerous solo and group exhibitions in North America, the Middle East, and Europe. She won the Arts Council of Wales Stiwdio Safle Book Award for her long-term Song Archive Project. A comprehensive installation of *Kopfüberleben* was shown in a solo exhibition at the ACC Galerie Weimar, Germany, in 2021. A virtual 3D walk through the exhibition is available on her website.

www.yvonnebuchheim.com

ÜBER DIE KÜNSTLERIN

Yvonne Buchheim ist eine interdisziplinär arbeitende Künstlerin. Aus ihren Zeichnungen, Fotografien und Texten entwickelt sie vielschichtige Stop-Motion Filme, die sich mit Identität, Verlust und Zugehörigkeit beschäftigen. Häufig stehen persönliche Erfahrungen am Anfang einer Arbeit, welche ihr den Zugang zu komplexen gesellschaftlichen Themen ermöglichen.

Yvonne Buchheim wurde 1972 in Weimar geboren, hat zwanzig Jahre im Ausland gelebt und ist 2019 aufgrund einer Krebsdiagnose nach Deutschland zurückgekehrt. Die künstlerischen Arbeiten, die während des Heilungsprozesses entstanden, sind ein intimes Zeugnis von Zerbrechlichkeit und Resilienz.

Wichtiger Teil ihrer Praxis ist die Lehre; sie unterrichtete an Universitäten und unabhängigen Bildungsprojekten in verschiedenen Kulturen und Kontexten. Nach zehnjähriger Tätigkeit als Senior Lecturer an der University of the West of England zog sie 2012 nach Kairo. Dort leitete sie den Fachbereich Kunst und Kultur am Cairo Institute of Liberal Arts and Sciences und ko-kuratierte darüber hinaus das Kunstprogramm Spring Sessions in Amman, Jordanien.

Yvonne Buchheims Kunstwerke wurden vielfach in Nordamerika, dem Nahen Osten und Europa ausgestellt. Im Rahmen der Langzeitstudie Song Archive Project erhielt sie den Arts Council of Wales Stiwdio Safle Book Award. 2021 wurde *Kopfüberleben* in einer umfassenden Einzelausstellung in der ACC Galerie Weimar gezeigt. Ein virtueller 3D-Rundgang ist auf ihrer Website zu finden.

ACKNOWLEDGEMENTS

When my life was turned upside down, my family and friends showed me their love and support. *Kopfüberleben* is dedicated to **Ronnie Close** who went through everything with me. This book would not exist without him and everyone who helped by listening, questioning, and believing in me. My gratitude goes to **Dörte Wihan** who was always there for me. Also, to the **Cape-Stiftung** and **Rita Mergener** for the transformative healing space, guidance, and resources. Special thanks to the **ACC Galerie Weimar** team, particularly **Frank Motz** and **Ulrike Mönnig** for going above and beyond.

DANKSAGUNG

Als mein Leben auf den Kopf gestellt wurde, erfuhr ich viel Unterstützung durch meine Familie und meine Freunde. Kopfüberleben ist **Ronnie Close** *gewidmet, der den ganzen Weg mit mir gegangen ist. Dieses Buch gäbe es nicht ohne ihn und ohne alle, die mir geholfen haben durch ihr offenes Ohr, durch Fragen und ihren Glauben an mich. Ich danke innig* **Dörte Wihan**, *die immer für mich da war. Ebenso danke ich der* **Cape-Stiftung** *und* **Rita Mergener** *für den transformativen Heilungsraum, die Beratung und die Unterstützung. Mein Dank geht an das* Team der **ACC Galerie Weimar**, *besonders an* **Frank Motz** *und* **Ulrike Mönnig** *für ihre Teilnahme, ihr Engagement und einen Einsatz ohnegleichen.*

THANK YOU

Kornelia Rumberg, Marissa Perel, Marina Zwaenepoel, Katie Davies, Ismail Fayed, Areesh Huniti, Eliza Goldox, Bernadette Buckley, Rod Dickinson, the Rocca family, Kathrin and Horst Reiher, Brigitte and Thomas Görnitz, Chelsea Green, Frank Bartscheck, Carsten Wittig, Anselm Graubner, and the Buchheim family.

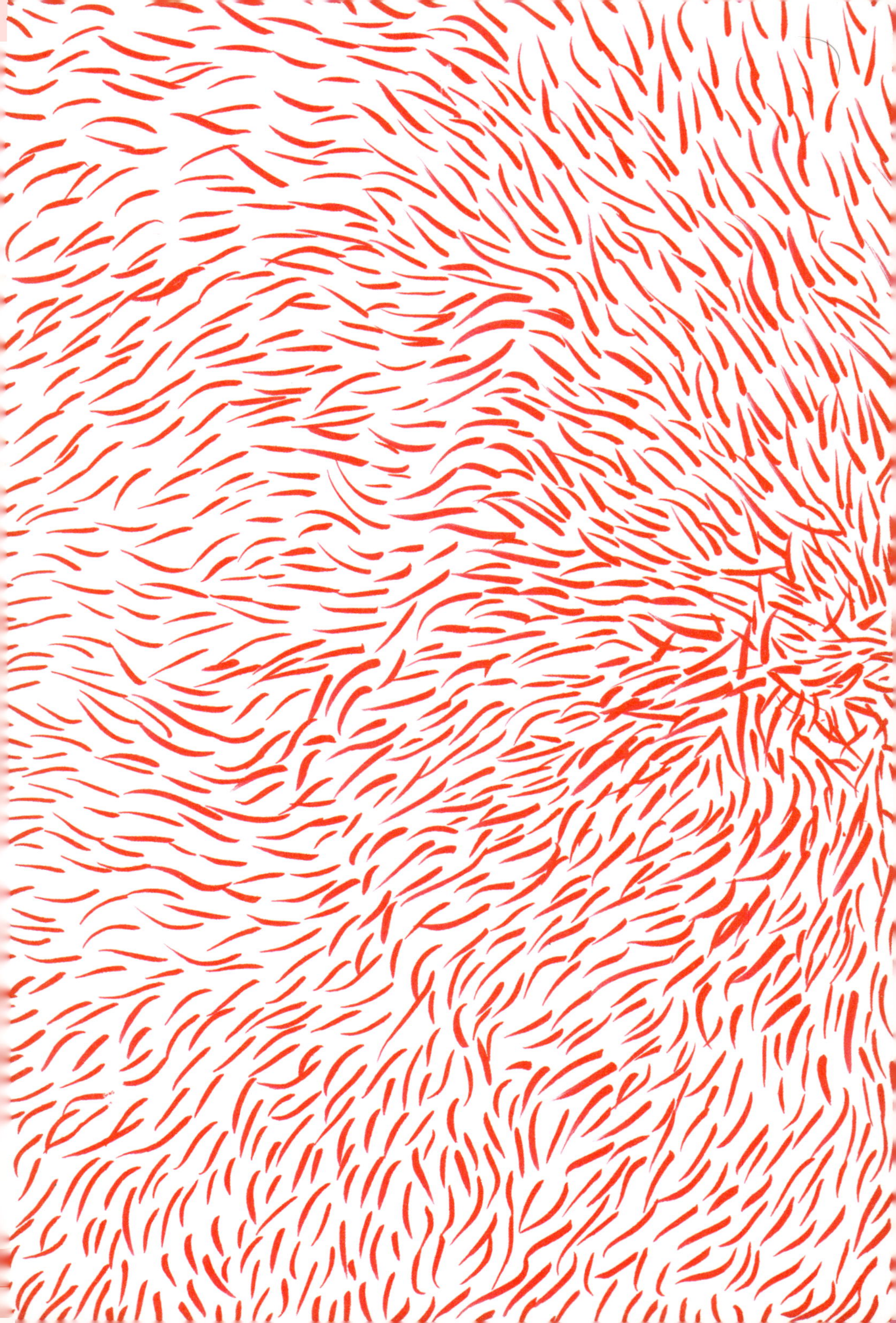

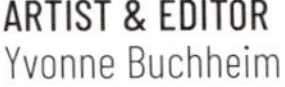

ARTIST & EDITOR
Yvonne Buchheim

DESIGN
Kornelia Rumberg

PHOTOGRAPHS
Yvonne Buchheim, Claus Bach

TEXTS
Anita Wohlmann, Ismail Fayed,
Yvonne Buchheim

TRANSLATION
Lea Pischke, Knut Birkholz

COPYEDITING
Cornelia Buchheim, Mariette Franz,
Dawn Michelle d'Atri

PROJECT MANAGEMENT
Lydia Fuchs, Kerber Verlag

PRODUCTION
Jens Bartneck, Kerber Verlag

PRINTED AND PUBLISHED BY
Kerber Verlag
Windelsbleicher Str. 166–170
33659 Bielefeld, Germany
+49 521 950 08 10
info@kerberverlag.com
kerberverlag.com

Kerber publications are distributed worldwide:

ACC Art Books
Sandy Lane
Old Martlesham
Woodbridge, IP12 4SD, UK
+44 1394 38 99 50
accartbooks.com
uksales@accartbooks.com

Artbook | D.A.P.
75 Broad Street, Suite 630
New York, NY 10004, USA
+1 (212) 627-1999
artbook.com
orders@dapinc.com

AVA Verlagsauslieferung AG
Centralweg 16
8910 Affoltern am Albis, Switzerland
+41 44 762 42 50
avainfo@ava.ch

Zeitfracht GmbH
Verlagsauslieferung
+49 711 7860 2254
bestellung@zeitfracht.de

The Deutsche Nationalbibliothek
lists this publication in the
Deutsche Nationalbibliografie: dnb.de.

ISBN 978-3-7356-0910-6
www.kerberverlag.com
Printed in Germany

With the support of

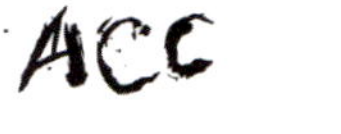

Bild Kunst
KULTURWERK

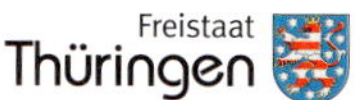

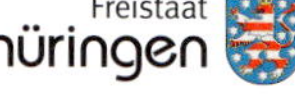

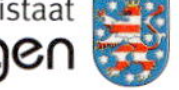

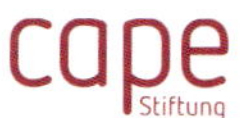

AF618322